I0839815

Anne E Dünzelmann

...keine normale Reise

Eva Warburg
und die
Kinder/Jugend–Alijah in Schweden

Bibliographische Informationen der Deutschen Nationalbibliothek
Die Deutsche Nationalbibliothek verzeichnet diese Publikation in der
Deutschen Nationalbiographie; detaillierte bibliographische Daten
sind im Internet über http://dns.ddb.de abrufbar.

Herstellung und Verlag – BoD - Books on Demand, Norderstedt
ISBN 9783744816823

Umschlaggestaltung, Grafik, Fotomontage: Bernd Lübbers, Bremen

Danksagung

Für hilfreiche Informationen
habe ich besonders

Helmut Müssener, Uppsala

und

Jan Winter, Uppsala
zu danken.

Vor allem aber möchte ich

Beate Simon-Fırat

für ihre Freundschaft, ihr Verständnis, ihre Anteilnahme
meinen Dank aussprechen.

Vorbemerkungen

Oft wird im Kontext der Transporte jüdischer Kinder und Jugendlicher im Zeitraum 1938/1939 der Name Eva Warburg genannt. Doch ist bisher nur wenig über sie öffentlich bekannt geworden. Ebenfalls fndet Schweden als Aufnahmeland jüdischer Kinder aus Mitteleuropa weniger Beachtung. Dieses Manko soll mit der vorliegenden Publikation verringert werden.

Neben der Darstellung des Lebens von Eva Warburg und ihres Wirkens steht vor allem das prozesshafte Geschehen der Kindertransporte und das Leben der betroffenen Kinder und Jugendlichen in Schweden im Fokus. Einzelne biografische Fallbeispiele sollen helfen, deren Schicksal nachzuvollziehen – obwohl nur noch wenige am Leben sind. Unter diesen befindet sich z. B. Miriam Pollin respektive Thea Kurzbarth aus Hamburg. Einen nicht uninteressanten Aspekt liefern die entstandenen Beziehungen einzelner Protagonisten zueinander. Das bedingt durch die gleiche Unterkunft, die kulturelle Zugehörigkeit und gemeinsame Zielsetzungen.

Die vorliegende Arbeit ist zwar nicht als grundlegende Forschung angelegt, soll aber durchaus anregend wirken. Auch hoffe ich, eine Forschungslücke verkleinert zu haben. Für etwaige Fehlinformationen bitte ich um Entschuldigung. Diese sind den oft abweichenden und nicht immer genau zu verifizierenden Angaben geschuldet.

Bewusst habe ich auf einen umfangreichen Quellenapparat verzichtet. Einzelinformationen aus dem Internet sind unter *Varia* gebündelt, mit * versehene Institutionen und Personen im Glossar aufgeführt. In der Bibliografie werden unter *Weitergehende Quellen* solche Archivalien und Publikationen genannt, die lediglich sekundär benutzt wurden, aber wesentlich mehr Informationen enthalten.

Inhalt

Verzeichnis biografischer Fallbeispiele

Eva Warburg – ihr Leben und Wirken

Eva Amalie W. wurde am 31. Dezember 1912 als zweite und mittlere Tochter von Anna und Fritz Warburg geboren. Ebenso wie ihre Mutter ließ sie sich zur Kindergärtnerin und Hortnerin ausbilden, und zwar von 1930 bis 1932 in Berlin im Pestalozzi-Fröbel-Haus des Berliner Vereins für Volkserziehung. Doch zuvor soll sie nach ihrem Abitur einen Gartenbau-Lehrgang absolviert haben, vielleicht auch erst nach der Berliner Zeit. Sie kam als 18-Jährige nach Berlin und war somit im besten Alter, ihrem Leben eine eigene Richtung zu geben und sich ihren Vorstellungen gemäß zu verorten und neu zu orientieren: hin zum Judentum, zum Zionismus mit dem Engagement in der Alijah* sowie dem Erlernen der hebräischen Sprache und einer koscheren Haushaltsführung. Ebenso kam sie in Berlin mit wichtigen Leute in Kontakt und bewegte sich in einem entsprechenden Umfeld. Dazu gehörte u. a. der ›Hilfsverein deutscher Juden‹* und die Hechaluz*-Bewegung, wo sie mutmaßlich ihren späteren Ehemann Naftali Unger kennenlernte. Vor allem war es der Kreis um die projektierte Jugend-Alijah in Berlin mit Recha Freier* und Eva Michaelis-Stern* sowie den Cousinen Gisela und Lola Warburg.[1] Möglicherweise stand sie auch in Kontakt mit Wolf Jacobson, der um diese Zeit in Berlin zum Rabbiner ausgebildet wurde und 1943 nach Schweden emigrierte. (Dünzelmann)

Wieder in Hamburg engagierte sie sich im sozialen Segment, das dank der mütterlichen Prägung und vor allem im Kontext eines *Vita activa,* eines tätigen Lebens. (Vgl. Hannah Arendt) Dazu gehörte die Einrichtung eines Horts in der Hamburger Hochallee ab Oktober 1933. Mit dieser Gruppe verbrachte sie auch Ferien im holländischen Internat Eerde[2] und in Dänemark. Etwa im gleichen Zeitraum richtete sie in der Blankeneser Sommer-Residenz am Kösterberg eine Art Refugium für sozial schwächere jüdische Kinder ein. Die anfänglich sieben und dann 30 Kinder erhielten ein gutes Mittagessen, Hilfe bei den Schulaufgaben und Möglichkeiten zum Spielen. Dadurch konnte sie bis zur Enteignung 1938 insgesamt 250 Kindern helfen. Die Kosten dafür hatten wohlhabende jüdische Familien übernommen.

   Daneben unterstützte EW den Hechaluz sowie die Jugend-Alijah. Weiterhin war sie mit Naftali U. befreundet, der sich 1935/36 in Hamburg aufhielt und häufiger Gast in ihrem Elternhaus war. Zwar nahmen die Eltern ihn freundlich auf, standen aber seinem Zionismus eher skeptisch gegenüber. Eva selbst hielt sich 1936 kurz in Palästina auf, fasste aber im September 1938 den Entschluss, nicht sofort dorthin zu emigrieren. Stattdessen unterstützte sie die Eltern bei ihrem Umzug nach Stockholm. Doch war ihr vor allem wichtig, die geplanten Kindertransporte zu organisieren und durchzuführen. So beteiligte sie sich nach der Pogromnacht am 9. November 1938 maßgeblich an deren Organisation von Hamburg nach Schweden. Sie selbst verließ 1939 als letzte der Warburgs vor dem Holocaust Hamburg, mutmaßlich in Begleitung eines Kindertransports. Dank des Einsatzes gilt sie aktuell auch als treibende Kraft der Jugend-Alijah in Schweden. (Chernow; SWA; Varia)

In Stockholm lebte sie mit den Eltern in einer Wohnung am Strandvägen 41. Im Frühjahr 1939 übetrug ihr das Londoner Büro der *Youth Aliyah* die Leitung der *Jugend-Alijah i Sverige* mit Sitz in Stockholm. (nationalarchives.gov.uk) Was laut Glück im Sommer vom Jersalemer Hauptbüro bestätigt wurde. (*Hachscharah*) In der Folge organisierte sie nicht nur die praktische Vorbereitung auf das Leben in Palästina in entsprechenden Einrichtungen. Ebenso organisierte sie die Auswanderung nach Palästina einschließlich Visabeschaffung und Reisemöglichkeiten. Sie musste sich aber auch mit den Hamburger Behörden wegen der von den Nazis eingeführten Reichsfluchtsteuer auseinandersetzen. Mit der Wahrnehmung ihrer Interessen beauftragte sie den am Mittelweg 17 wohnenden und mit der Familie befreundeten Wissenschaftler Robert Solmitz. In Stockholm konnte sie sich ein weit verzweigtes Netzwerk schaffen, so war sie u. a. mit der Sexualpädagogin Elise Ottesen-Jensen und dem Ehepaar Berendsohn* befreundet. Sie dürfte aber auch in Kontakt zur Emigranten-Selbsthilfe* gestanden haben. (SWA; Varia)

Da sich die Situation durch den Ausbruch des Zweiten Weltkriegs dramatisch veränderte, musste EW den Plan fallenlassen, im März 1941 mit einer Gruppe Jugendlicher endlich nach Palästina zu reisen. Zuvor hatte sie das für eine Einreise erforderliche (Kapitalisten-)Zertifikat beantragt und auch erhalten. Doch wurde weiterhin ihre Hilfe in Schweden benötigt, so 1943 bei der Rezeption aus Dänemark geflüchteter jüdischer Jugendlicher, zu denen u. a. Hans Kaufmann und Hans Moos gehörten. Von Helsingborg bzw. Malmö erfolgte der Transport nach Stockholm per Bahn in Zehnergruppen, die sie dort persönlich am Centralbahnhof begrüßte und weiter betreute. Darüber hinaus veranlasste sie den Kauf eines Bootes, mit dem Juden zur Flucht aus Dänemark verholfen wurde. 1944 engagierte sie sich ebenfalls bei der Betreuung finnisch-jüdischer Flüchtlingskinder (→ Exkurs III) und half 1945, Holocaust-Überlebende zu versorgen. (SWA)

Im März 1946 konnte EW endlich Schweden über Malmö verlassen und von Kopenhagen aus mit dem Schiff *Florida* in dreiwöchiger Fahrt nach Haifa reisen – was zuvor in Stockholm mit einem großen Abschiedsfest gefeiert wurde. In Palästina traf sie Naftali Unger im südlich von Tel Aviv gelegenen, 1928 gegründeten Kibbuz Gi'vat Brener (Givat Brenner) nahe Rehovot wieder. Beide heirateten im gleichen Jahr und lebten in diesem Kibbuz einige Jahre. Dank ihrer Fähigkeiten konnte EW sich gut in das Kibbuzleben integrieren und mitgestalten. So war sie während dieser Zeit für die Betreuung von etwa 50 Kindern verantwortlich. Anfang der 1950er Jahre wechselten die Ungers in den von Gi'vat Brener aus neu gegründeten Kibbuz Nezer Sereni. (Ebd.)

Diesen besuchte Walter A. Berendsohn mit seiner Frau Dorothea und den in Israel lebenden Töchtern Annelie und Karin 1957. Im gleichen Jahr verließen EWs Eltern Stockholm, um bei ihrer Tochter Eva im Kibbuz zu leben. Jahre später zogen Eva und Naftali Unger nach Rehovot. Dort richtete sie in der Garage ihres Hauses eine Art Lernzimmer ein und unterstützte Kinder aus der Nachbarschaft bei den Schulaufgaben. Die letzten Jahre ihres Lebens verbrachte sie in einer Senioreneinrichtung in Rehovot. Noch im hohen Alter war sie eine starke und lebensfrohe Persönlichkeit. Am 24. November 2016 endete friedlich ihr langes, fast 105 Jahre währendes Leben. (Varia)

Auf einer israelischen Website würdigt man sie als engagierte Frau mit vielen Ideen und einem großen Herzen. Dank ihrer großbürgerlichen Sozialisation und ihrer Ausbildung besaß sie genügend Selbstvertrauen und Durchsetzungskraft zur Bewältigung der von ihr übernommenen Aufgaben. Hinzu kamen Idealismus und Pflichtgefühl. Ihre Erfahrungen und Begegnungen hat sie in einem Album festgehalten, 1999 als Printbook in Rehovot erschienen. (Varia)

Naftali Unger, *1909 – Δ1987

wurde in Polen geboren und ist in Berlin aufgewachsen. Als überzeugter Zionist und Chaluz* ging er um 1931 nach Palästina, wo er beim Aufbau des Kibbuz Gi'vat Brener mithalf. 1933/34 beauftragte ihn die dortige Gewerkschaft Histradrut, in Deutschland an der Alijah nach Palästina mitzuwirken. 1935/36 war er in Hamburg aktiv und nahm u. a. Kontakt zum jüdischen Ree-

der Arnold Bernstein auf, um eine an der Schiffahrt orientierte Hachscharah*
zu organisieren und Ausbildungsplätze für jüdische Jugendliche auf see-
fahrenden Schiffen einzurichten. In diesem Kontext wurde 1934 in Haifa zur
Unterstützung der Alijah die Palestine Shipping Co. Ltd. gegründet. Ebenso
vertiefte er den Kontakt zu Eva W. und ihrer Familie. Wieder in Palästina
wurden mit seiner Hilfe zwei maritime Kibbuzim an der Küste gegründet (vgl.
Ina Lorenz, *Seefahrts-Hachscharah in Hamburg 1935-1938*), u. a. in Haifa. 1939
hielt er sich kurz in Frankreich auf, wo er vom Ausbruch des Zweiten Weltkriegs überrascht wurde und seine Zukunft neu planen musste. Er schloss sich
den britischen Alliierten an und kämpfte in Nordafrika und Italien. Nach 1945
lebte NU wieder im Kibbuz Gi'vat Brener, in dem Eva und er Ende 1946 heirateten. Aus der Ehe gingen zwei Kinder hervor, Tochter Dvorah (*1948) und
Sohn Gabi (*1950), hinzu kamen acht Enkel und sechs Urenkel. (Chernow;
SWA; Varia)

Netzwerkliche Verbindungen

Familie	Freunschaftenr
Jüdische Gemeinde Hamburg	Mosaiska församlingen Stockh.
Hilfskomitee Jüd.Gemeinde	Stockh.Kom. Flüchtlingshilfe
Jüd. Hilfsorganisationen USA	und in Europa
Hilfsverein Deutscher Juden	Jewish Agency for Palestine

↕ *Eva Warburg* ↕

Youth Aliyah London	Jugend-Alijah, Berlin
JOINT	Hechaluz-Büro Hässleholm
HIAS-HICEM	Hjälpkommitté Mos.förs.Stock
Reisebüro Intourist u. a.	Kibbuz BaDerech u. a. Heime
Botschaften UdSSR, Türkei, Syrien	Brit. Mandatsregierung Palästina
Hechaluz Dänemark	Palästina-Büro Stockh. G.Löllbach

Kinder/Jugend–Alijah

Die Transporte

Bereits 1932 initiierte die Berliner Lehrerin und Publizistin Recha Freier das Projekt der Kinderauswanderung. So reiste im Oktober eine erste Gruppe jüdischer Jugendlicher nach Palästina. Da sie ohne Eltern emigrierten, nannte man diese Auswanderung *Kinder- und Jugend-Alijah,* auf Hebräisch *Aliyat Hanoar.* Am 30. Januar 1933 wurde in Berlin offiziell das ›Hilfskomitee für jüdische Jugendliche‹ eingetragen, daraus formierte sich mit Hilfe von Lola Hahn-Warburg im Mai die so genannte Jugend-Alijah. In Palästina wurde diese 1934 in Jerusalem im Auftrag der *Jewish Angency* von Henriette Szold gegründet und geleitet. Nahezu zeitgleich entstand in Berlin die *Kinderauswanderung* als Unterabteilung der ›Reichsvertretung der Juden in Deutschland‹. Ab 1935 wurde das Berliner Büro von Lola Hahns Schwester Gisela Warburg bis zum Pogrom am 9. November 1938 geleitet. Mit Entstehen der Jugend-Alijah als Teil des Hechaluz-Weltverbandes kam es auch zur Gründung von Hachscharah-Zentren als Vorbereitungseinrichtungen. 1938 folgten solche in Österreich und Böhmen, 1939 in der restlichen ČSR. Zwischen 1934 und 1938 konnten die meisten der für die Alijah angemeldeten Kinder in die USA reisen, nur wenige gingen nach Palästina. Ab 1938 entwickelte sich die Jugend-Alijah bis 1945 zu einer sozialen Einrichtung und Fluchthilfeorganisation. Laut Albert Einstein war die Jugend-Alijah auch ein Mittel, den Betroffenen u. a. »den Glauben an menschliche Liebe und Würde« wiederzugeben. (Varia)

Noch vor der Pogromnacht am 9. November 1938 hatte man auf die Bedrohung durch die Nationalsozialisten mit der Planung von Transporten jüdischer Kinder und Jugendlicher in nahe gelegene sichere Aufnahmeländer reagiert. Und dem Projekt den vorerst informellen Namen *Kindertransporte* (bzw. Refugee Children Movement/ RCM) gegeben. In Großbritannien kam es schnell zu Verhandlungen zwischen einflussreichen Juden, Quäkern und anderen christlichen Gemeinschaften und den zuständigen Behörden über die Rezeption dieser demografischen Gruppe aus Deutschland, später auch aus Österreich, ČSR und Polen. Die Jüdische Gemeinde in London war bereit, die Kosten für Reise und Aufnahme zu übernehmen. Später sollten die Kinder wieder mit ihren Familien vereint werden oder über die Hechaluz-Bewegung nach Palästina emigrieren. Bereits drei Wochen später setzten die ersten Transporte nach Großbritannien ein, es folgten weitere nach Belgien, Dänemark, Holland, Schweiz und Schweden. In Großbritannien als einem Zentrum des RCM war besonders Lola Hahn-Warburg in Planung und Durchführung der Jugend-Alijah involviert. Zudem war sie, die jetzt selbst im britischen Exil lebte, als Geschäftsführerin des *British Movement for the care of children from Germany* tätig. (Varia)

Schwierig war, dass die ab 1938 nunmehr so genannte ›Reichsvereinigung der Juden in Deutschland‹ vor allem Jugendliche zwischen 14 und 16 Jahren zur Auswanderung verhelfen wollte, während die vermittelnden Komitees in den Aufnahmeländern Jüngere bevorzugten. Belgien und Holland setzten eine Altersbegrenzung von 15 Jahren fest, es folgte Großbritannien mit Vollendung des 16. Lebensjahres. Letztendlich konnte nur ein Drittel der Angemeldeten emigrieren, über 10 000 wurden wegen des Zweiten Weltkriegs nicht mehr berücksichtigt. (Vgl. Adler-Rudel)

Insgesamt wurden etwa 18 000 jüdische Kinder und Jugendliche bis zu 17 Jahren aus Deutschland, Österreich, Polen und Tschechoslowakei mit Zügen und Schiffen in die oben genannten Länder sowie nach Schweden evakuiert. Großbritannien nahm 10 000 auf, 1500 die Niederlande, 1000 Belgien, 500 Schweden und 300 die Schweiz. Die Bedingungen für eine Ausreise waren zwischen der niederländischen Bankiersfrau Geertruida Wijsmuller-Meyer und Adolf Eichmann ausgehandelt worden. Danach durfte jedes Kind einen Koffer, eine Tasche, eine Fotografie und zehn Reichsmark mitnehmen. Nicht erlaubt waren Bücher und Spielsachen. Gruppenweise wurden Blockvisa erstellt, wobei jedes Kind eine Nummer erhielt. Bei der von der Gestapo überwachten Abfahrt durften Eltern und Angehörige oft nicht den Bahnsteig zum Verabschieden betreten – es sollte keine Aufmerksamkeit erregt werden. (Varia)

Der erste Kindertransport nach Großbritannien startete am 1. Dezember 1938 in Berlin – damit setzte sich auch diese Bezeichnung fest. Weitere Transporte starteten in Wien am 10. Dezember, in der ČSR im März und in Polen im Februar 1939. (nationalarchives.ov.uk) Die Route führte von den jeweiligen Abfahrtsbahnhöfen über Hamburg oder Köln nach Hoek van Holland und weiter per Schiff nach Harwich, von dort mit der Bahn nach London-Liverpool Street Station. Anfangs wurden die Kinder in Dovercourt bei Harwich in einem Camp untergebracht, dann bei Pflegefamilien und in billigen Hotels. Ab Frühjahr 1939 wurden auch Ferienanlagen als Camps genutzt. Die Kinder/Jugend-Alijah, endete mit dem Ausbruch des Zweiten Weltkriegs. Der letzte und inoffizielle Transport konnte 1940 mit der *Bodegraven* in Holland unter Beschuss ablegen und noch Harwich erreichen. (Varia)

1 *Denkmal Kindertransporte Bahnhof Hamburg-Dammtor*

2 *Eisenbahnfähre›Deutschland‹ Saßnitz – Trelleborg*

Zum Transport wurden zum Teil Sonderzüge eingesetzt, aber zumeist Sonderwaggons der Reichsbahn. Abfahrtsbahnhöfe waren für Deutschland u. a. Berlin und Hamburg, für Polen Danzig, für ČSR Prag und Österreich Wien. So führte beispielsweise die Route von Prag nach Großbritannien über Wien, Nürnberg und Köln nach Hoek van Holland. Die Transporte wurden durch die oben genannte *Kinderauswanderung* organisiert. Über deren Größe liegen keine Angaben vor, geschätzt werden 40 bis 500 Kinder und Jugendliche pro Fahrt. In Hamburg wurden notwendige Sonderwaggons in Altona angehängt, nächster Stopp war der Hauptbahnhof, vielleicht auch der dazwischen liegende Bahnhof Dammtor. Zur Erinnerung an die Transporte wurden in einigen Städten Denkmäler aufgestellt, in Berlin in der Friedrichstraße, in London bei der Liverpool Street Station sowie in Danzig und Hoek van Holland. In Hamburg wurde ein solches im Mai 2015 am Bahnhof Dammtor eingeweiht. Alle Denkmäler gestaltete der deutsch-israelische Künstler Frank Meisler[3].

In Schweden

Die Kindertransporte nach Schweden wurden zwar schon vor dem 9. November 1938 angedacht, aber erst nach dem Pogrom in die Wege geleitet. In Schweden waren seit 1933 etwa 2000 jüdische Fluchtmigranten mit teilweiser Unterstützung der *Mosaiska församlingen i Stockholm* aufgenommen worden. Anfang 1939 hielten sich in Schweden zwischen 3000 und 3500 jüdische Fluchtmigranten auf, im Oktober lag die Zahl bei etwa 4000. Ein Drittel kam über eine zuvor ausgehandelte Quote, zwei Drittel über familiäre und andere Beziehungen. In den Verhandlungen zur Einreise jüdischer Kinder und Jugendlicher bis 17 Jahren wurde anfangs eine Quote von 60 festgelegt. Für diese übernahm die Gemeinde die Vormundschaft und zahlten für jedes Kind monatlich 50 kr an Unterhaltskosten. Da nach EWs eigener Aussage nur wenige jüdische Familien zur Aufnahme eines *flyktingbarn* (Flüchtlingskind) bereit waren, musste sie auf nichtjüdische zurückgreifen, ohne ein direktes Mitspracherecht bei der Verteilung zu erhalten. (SWA; Varia)

Am 23. Mai 1939 erhielt die inzwischen in Stockholm lebende EW einen Brief von Eva Michaelis-Stern, Leiterin der *Youth Aliyah* in London. Darin offerierte sie EW die Leitung der *Jugend-Alijah i Sverige*. Michaelis-Stern war überzeugt, dass gerade EW dank ihrer Ausbildung und ihres Engagements dafür prädestiniert war, »to do everything in your power to get out as many chidren as possible from Germany to Sweden for a transitory stay in order to have them trained there for agricultral work«. Erwartet wurde von ihr »the foundation of training centres in Sweden«. Dabei sollte der Brief ihr als formale Bestätigung ihres leitenden Status gelten, um Kontakte zu allen erforderlichen jüdischen und nichtjüdischen Organisationen aufzunehmen und Verhandlungen zu führen. (LSE Library) Zwar war EW in Stockholm Teil eines für ihre Tätigkeit wichtigen Netzwerks, wozu aber anscheinend nicht die Emigranten-Selbsthilfe gehörte.

Das Büro der *Jugend-Aliya i Sverige. Barnahjälpen* richtete EW in der Arsenalsgatan 1 ein, nahe dem Kungsträdgården und nicht weit entfernt von der *Mosaiska församlingen* in der Wahrendorffsgatan. Obwohl diese den Aktivitäten des Hechaluz und überhaupt dem Zionismus eher ablehnend gegenüber stand. Von der Arsenalsgatan aus kümmerte EW sich um die Kindertransporte und war verantwortlich für Organisation, Durchführung und Mittelbeschaffung der Jugend-Alijah nach Palästina. Sie stand nicht nur in Kontakt mit der Stockholmer Jüdischen Gemeinde und ihrem *Hjälpskommitté*, dem Hilfskomitee für Flüchtlinge. Zum weiteren Netzwerk gehörten das *American Jewish Joint Distribution Committee (JOINT)* und die von Paris aus agierende *HIAS-HICEM* (→ Netzwerk EW). Insofern war EW eine wichtige Koordinatorin und Teil eines »komplexe[n] Netzwerk[s], das Helfer und Schützlinge verband und in dem es zu manövrieren galt«. (Maier-Wolthausen) Zudem war EW auf der Suche nach einen geeigneten Immobilien als Schulungsheime für die zukünftigen Chaluzim, wofür ehemalige Herrenhäuser bzw. Gutshöfe infrage kamen. (SWA; Varia)

Mit Hilfe von EW und dem Hamburger Oberrabbiner Joseph Carlebach sowie in Reaktion auf einen Appell des Hjälpkommitté konnte Mitte Juni 1939 die Einwanderungsquote auf 500 Kinder und Jugendliche erhöht werden. In der Folge reisten dann sukzessive weitere Kinder nach Schweden. Carlebach selbst schickte die fünf ältesten seiner neun Kinder nach Großbritannien. Vom Hjälpkommitté wurde die geforderte Garantie für die Unterhaltskosten und die nach zwei Jahren zu erfolgende Emigration nach Palästina gegeben. Darauf sollten die Jugendlichen in entsprechenden Einrichtungen vorbereitet werden. Demgegenüber quotierte die *Jewish Agency* in Jerusalem nur 95 Kinder und Jugendliche zur Einreise in Palästina, obwohl das neutrale Schweden inzwischen als gefährdet galt. Diese demografische Gruppe besaß allerdings nicht den Status von Emigranten, sondern nur den von Transmigranten. Keinesfalls durften die Eltern nachkommen, vielmehr sollten sie in andere Exilländer gehen und dorthin die Kinder nachholen. Trotzdem gab es einige Fälle des Nachzugs, was aber ab Oktober 1941 mit dem Ausreiseverbot für Juden aus Deutschland unmöglich wurde. Neben EW mit ihrer tatkräftigen organisatorischen Hilfe unterstützte auch die Warburg-Familie, vor allem Max Warburg, das Vorhaben finanziell. In Schweden hatten jüdische Spender und die Jüdische Gemeinde die erforderliche Bürgschaft übernommen. (Varia)

Wie aus den Berichten ehemaliger *flyktingbarnen* hervorgeht, begann die Reise ins schwedische Exil einmal in Hamburg, wo es vom Hauptbahnhof mit dem Kurswagen von Hamburg nach Stockholm über Saßnitz auf Rügen (ab 1993 Sassnitz) und weiter mit der Fähre nach Trelleborg (die so genannte Königslinie; → Abb.2) und dann mit dem Zug nach Malmö und weiter nach Göteborg oder Stockholm ging. Ein anderer Startbahnhof war Berlin-Friedrichstraße mit gleicher Route. Demnach wurde Dänemark nicht als Transitland benutzt, da hierfür Transitvisa nötig waren. In der Regel fanden die Verteilungen der Kinder und Jugendlichen auf andere Orte in den Ankunftsstädten statt. Wer nicht in jüdischen Familien oder Einrichtungen unterkam, wurde anderweitig untergebracht, ohne dass dieses von der Mosaiska församlingen beeinflusst werden konnte. EW selbst stand ebenfalls nicht in direkter Verbindung zu allen Einrichtungen. Das Hilfskomitee der Jüdischen Gemeinde in Malmö brachte z. B. zwei aus Österreich kommende Gruppen im südschwedischen Skåne län (Schonen) unter. Nach Kristinehov in Västraby bei Helsingborg sollen zumeist Mädchen gekommen sein, in Tjörnarp lebten etwa 25 Jungen. Weitere wurden in Familien untergebracht und im so genannten Kibbuz Svartingtorp nahe Hässleholm. (Varia) Einige lebten und arbeiteten auch auf Bauernhöfen im südlichen Småland, wie z. B. Harry Schein (→ SIM).

Da es für die Jungen schwieriger war eine Pflegefamilie zu finden, richtete die Mosaiska församlingen u. a. Heime für Jungen in Stockholm und Uppsala ein. Über das Leben im Kinderheim Uppsala berichtete Klas Back Jahrzehnte später bei einem Besuch in Gelsenkirchen ausführlicher:

Das einfache, Ende 1938 für die Fluchtkinder hergerichtete Heim nahe Uppsala war ein ehemaliges Waisenhaus älterer Bauart. Klas gehörte zu den ersten dort aufgenommenen Kindern. Noch fehlte vieles in dem alten ehemaligen Waisenhaus. Betten mussten noch aufgestellt und die Küche in Ordnung gebracht werden. Neben Küche und Esszimmer gab es drei, später vier Schlafräume mit 11 bzw. 15 Betten. Vorsteherin war Sophie Michaeli*, eine ehemalige Berlinerin, die das alltägliche Leben gut durchorganisierte. Jedes Kind hatte bestimmte Dienste zu verrichten: in der Küche, bei den Mahlzeiten, der Ofenversorgung, beim Holzhacken, dem Fahrraddienst usw. Die aufgenommenen Kinder waren 10 bis 17 Jahre alt und besuchten die einige Kilometer entfernte Schule mit dem Fahrrad. Bei den Schulaufgaben halfen ihnen Studenten der Universität Uppsala. Während der Mahlzeiten durfte kein Deutsch gesprochen werden bei Strafe von einem halben Öre, der in die Fahrradkasse wanderte. An Taschengeld erhielten die unter 15-Jährigen 30 Öre, die bis 17-Jährigen 50. Alles in allem wurden die Kinder gut auf die Zukunft vorbereitet, wie Back betonte. Er selbst blieb bis 1946 im

Heim und war dann als 17-Jähriger auf sich gestellt. Im gesamten Zeitraum durchliefen etwa 50 (?) Kinder die Einrichtung. (Goch; Gelsenzentrum)

Insgesamt kamen laut Lomfors 650 jüdische Kinder aus Mitteleuropa per Kindertransport nach Schweden. (*barndom*) Doch waren nur 160 jüdische Familien bereit, ein Kind aufzunehmen. Ein Teil der so Geretteten ging später nach Palästina, ein anderer blieb in Schweden oder wanderte in die USA aus. Etwa 60 von 95 für die Alijah vorgesehenen Jugendlichen waren im so genannten Kibbuz Falun bzw. Hälsinggarden untergebracht. (Varia) Beispielhaft für das Schicksal der mit einem Kindertransport nach Schweden gekommener und unterschiedlich untergebrachter Kinder stehen hier folgende Kurzbiografien:

Klas (Klaus) Fredrik Back, *1928 – Δ2001
geboren als Klaus Friedrich (Jehuda) Back
Er ist mit zwei Geschwistern in einer jüdischen Rechtsanwaltsfamilie in Gelsenkirchen aufgewachsen. Zusammen mit seinem Bruder Ernst kam er im Januar 1939 mit einem Kindertransport nach Stockholm. Vom Hamburger Hauptbahnhof ging es in einem Kurswagen nach Stockholm über Saßnitz mit der Fähre nach Trelleborg und weiter nach Norden. In Stockholm lebten beide einen Monat in räumlich sehr beengten Verhältnissen bei der Familie des ehemaligen Dortmunder und jetzt in Stockholm lebenden Rabbiners Emil Kronheim. Der fast elfjährige Klaus kam bald in ein Kinderheim nahe Uppsala, dessen Träger die Mosaiska församlingen in Stockholm war. Finanziert wurde es durch Spenden und staatliche Zuschüsse. (→ Abb. 9)

Im März 1939 wurde er in die dritte Grundschulklasse eingeschult. Da er der jüngste im Heim war, erhielt er von den Älteren viel Zuwendung und Unterstützung. Ebenso von Studenten der Universität Uppsala, die den Kindern bei den Schulaufgaben halfen. Auf diese Weise lernte er die Familie des früheren Außenministers Åke Holmbäck kennen und auch andere Familien, die ihn unter ihre Fittiche nahmen. So konnte er später auf mehrere schwedische Ersatzeltern verweisen, die ihm die Integration in die schwedische Gesellschaft erleichtern halfen.

Nach Beendigung der Mittelschule und einer Ausbildung zum Elektriker verließ KB mit 17 Jahren das Heim und war nun auf sich allein gestellt. 1948 erhielt er die schwedische Staatsangehörigkeit, fortan nannte er sich auch offiziell Klas. Bis 1950 studierte er an einer technischen Fachschule und konnte sich eine berufliche Laufbahn bis zum Posten eines Direktors aufbauen. 1972 heiratete KB eine Nichtjüdin mit zwei Kindern aus Göteborg. Während die Kinder und Enkelkinder in Göteborg leben, blieb Stockholm sein Lebensmittelpunkt. Nach seiner Aussage führte er ein gutes Leben, ohne religiös gebunden zu sein. Doch blieb das Schicksal der Eltern, zu denen die Kinder lange brieflichen Kontakt hatten, nicht vergessen: Der Vater wurde im Januar 1943 in Theresienstadt umgebracht, die Mutter wenig später in Auschwitz. (Gelsenzentrum; Goch)

Hilde Back, *1922

Dank der guten Beziehungen ihres Bruders Klaus zu Åke Holmbäck konnte sie mit dessen Hilfe noch 1940 nach Schweden emigrieren. Anfangs war sie als Kinderpflegerin in Stockholm tätig. Ihre Ausbildung zur Vorschullehrerin absolvierte sie in Uppsala. Aktuell lebt sie in Västerås. Die in Schweden erhaltene Hilfe hat sie seitdem weitergegeben mit finanzieller Unterstützung carittativer Organisationen. Zudem gründete sie den *Hilde Back Education Fund* in Kenis zur Unterstützung talentierter Kinder aus armen Familien. (Ebd.; Varia)

Ernst Ludwig Back, *1923

kam als Jugendlicher mit dem fünf Jahre jüngeren Bruder Klaus per Kindertransport nach Schweden. Nach dem kurzen Aufenthalt bei der Familie Kronheim nahm ihn eine Familie in Upplands Väsby zwischen Stockholm und Uppsala als Pflegekind (und Arbeitskraft) auf. Aktuell lebt er in Lidingö. Im RA befinden sich im *Sveriges Turistråds arkiv* Materialien zu seiner Person. (Ebd.)

Max Goldstein, *1925 – □2008

Künstlername: Mago

Als Sohn des Kinderarztes Fritz Goldstein und seiner Frau Elise, geb. Jahn in Berlin aufgewachsen und verwandt mit Charlotte, Elisabeth und Sophie Goldstein (→ Michaeli). Er kam 1939 mutmaßlich mit einem Kindertransport nach Schweden, wo er zunächst bei einer Pastorenfamilie lebte. Noch im gleichen Jahr konnten seine Eltern Fritz und Elise sowie der drei Jahre jüngere Bruder Peter ebenfalls nach Schweden emigrieren. Damit war die Familie wieder vereint. In Stockholm absolvierte MG später eine Ausbildung zum Kostümbildner und wirkte ab 1949 unter dem Namen Mago. Er arbeitete u. a. mit Ingmar Bergmann zusammen, war im Theaterbereich und für Revuen tätig. Mit Marlene Dietrich stand er in einem regen Briefwechsel. 1988 veröffentlichte er seine Memoiren *Klä av, klä på* (Unterzeichnet, aufgezeichnet) unter seinem Künstlernamen. Das Judiska museet widmete ihm 2009/10 eine Ausstellung. Im SUK des RA befindet sich ihn betreffendes Aktenmaterial. Die Eltern sind auf dem Södra Judiska Begravningsplatsen in Stockholm begraben, Peter G. lebt aktuell in Uppsala. (Dünzelmann; Varia)

Hannelore Josias / Anne Bertolino, *1924 – Δunbekannt
Inge Josias (-?), *1927 – Δ2010

Die beiden Schwestern sind in Hamburg in einer orthodoxen jüdischen Familie geboren und wurden von der Mutter Hertha Henriette Josias, geb. Selig (1900–1944) nach dem Tod des Vaters allein großgezogen. Nach dem 9. November 1938 meldete sie beide mit Hilfe von Eva Warburg für einen Kindertransport nach Schweden an. Am 13. April 1939 wurden sie am Zug von der Mutter verabschiedet und erreichten noch am gleichen Tag Göteborg. Die Verteilung der Kinder auf Pflegefamilien erfolgte durch Vermittlung des dortigen Hilfskomitees für jüdische Flüchtlinge. Hannelore und Inge wurden getrennt in Mellerud am westlichen Vänern in der Provinz Dalsland untergebracht: Hannelore kam in die Kaufmannsfamilie Johansson, Inge in einen Haushalt mit Schlachterei. (archive.org)

Während Inge 1941 nach Göteborg ging, wechselte Hannelore im gleichen Jahr nach einer hauswirtschaftlichen Kurzausbildung zunächst zur Familie Israelsson und dann zu den Holmströms in Bollnäs. Während dieser Zeit stand vor allem sie im engen Briefkontakt zur Mutter in Hamburg. Dann führte ihr Weg sie nach Stockholm, wo sie u. a. in einer Fabrik für Regenmäntel arbeitete. Als Teil der jüdischen Community traf sie ihr noch aus Hamburg bekannte gleichaltrige junge Frauen und konnte bei einer von ihnen unterkommen. Ungefähr 1942 heiratete sie Kurt Adolf Elias (mutmaßlich ebenfalls mit einem Kindertransport nach Schweden gekommen) und bekam die Tochter Renee. (Ebd.)

1945 wanderte die junge Familie in die USA aus, Hannelore nannte sich nunmehr Anne und trug um 2008 den Familiennamen Bertolino. Inge J. emigrierte ebenfalls in die USA und wurde 1952 eingebürgert. 1954 heiratete sie einen US-Amerikaner. Die Mutter wurde 1942 nach Theresienstadt deportiert und 1944 in Auschwitz ermordet. An sie erinnert das 1987 in Göteborg erschienene und von Ingrid Lomfors herausgegebene Buch *Breven från Hertha*. Unter *archive.org* sind die Briefe im deutschen Originaltext einsehbar. (Varia)

Peggy Parnass, *1927
geboren als Ruth Sophie P.[4]
Die in Hamburg lebenden jüdischen Eltern schickten sie und ihren 1934 geborenen Bruder Gady (Gerd Hans Ludwig) Anfang 1939 mit einem Kindertransport nach Stockholm. Sie selbst wurden 1942 in Treblinka umgebracht. In Stockholm mussten die beiden Kinder ihre unfreiwillige Emigration getrennt verbringen: Gady fünf Jahre in einem Waisenhaus, Peggy in mehreren Pflegefamilien. Um 1944/45 kamen die nunmehr staatenlosen Geschwister zu einem Bruder ihres Vaters nach London, mit einem nach Schottland fliegenden Kurierflugzeug. In London blieb die sich inzwischen Peggy Nennende drei Jahre und ging dann wieder nach Stockholm. Sie nahm die schwedische Staatsbürgerschaft an und brachte 1949? ihren Sohn Kim Simon zur Welt. Später kehrte sie nach Hamburg zurück mit bleibender Verbindung nach Schweden. Gady blieb in Großbritannien und emigrierte nach Israel, wo er eine Familie gründete und bis heute in einem Kibbuz nördlich von Netanya lebt. (JWA.org; Varia)

Schon früh verdiente Peggy P. sich ihren Lebensunterhalt durch Tätigkeiten als Sprachlehrerin, Übersetzerin, Kolumnistin. Außerdem absolvierte sie ein Studium in Russisch, Psychologie und Gestalttherapie in Stockholm, Hamburg und Paris. Ebenso war sie als Schauspielerin und Journalistin sowie als Gerichtsreporterin tätig. Sie wirkte in Filmen wie *Bürgerkrieg in Rußland* (1967) und *Keiner liebt mich* (1994). An Schriften von PP wurde z. B. 1983 *Unter die Haut* und 1993 *Mut und Leidenschaft* veröffentlicht. Für ihre Verdienste erhielt sie neben dem *Fritz-Bauer-Preis* (1980) und dem *Verdienstorden der Bundesrepublik Deutschland* (2008) weitere Preise. Literarisch hat PP ihren extremen Lebensweg in mehreren Büchern bearbeitet, so z. B. in *Süchtig nach Leben* (1990) und *Kindheit* (2013). (Varia)

Ilse Reifenstein / Elise Hallin, *1926
aus Dorsten. Dort war die aus Polen gebürtige, aber staatenlose Familie gut integriert. Sie selbst besuchte den Kindergarten und die Schule der Ursulinen.

Ende 1938 wurde die Familie nach Polen deportiert, wo sie unter erbärmlichen Verhältnissen leben mussten. Es gelang ihnen, wieder nach Deutschland zurückzukehren, um bestimmte Dinge zu ordnen. Gerne wären die Eltern mit Ilse in die USA emigriert, was die finanzielle Situation aber nicht zuließ. Und in einem anderen Land fanden sie keine Aufnahme. Doch konnte Ilse noch mit dem letzten Kindertransport im Dezember 1939 nach Schweden reisen. In Stockholm wurde sie erst in einem Kinderheim untergebracht, dann in einer Pflegefamilie.

Leider war es ihr nicht möglich, die Eltern nachzuholen, mit denen sie bis 1942 in Briefkontakt stand. In dem Jahr wurden die Eltern nach Riga deportiert. Die Mutter kam in das KZ Kaiserwald, dann nach Stutthof bei Danzig, wo sie ums Leben kam. Das Schicksal des Vaters ist unbekannt. Ilse blieb in Stockholm und nannte sich nach der Heirat mit einem Schweden Elise Hallin. Aktuell wohnt sie im Stadtteil Vasastaden, der Sohn ist Hotelier in Thailand. Heute befinden sich die 170 Briefe der Eltern im Jüdischen Museum Westfalen in Dorsten und wurden im Herbst 2013 in einer Sonderausstellung gezeigt. (Cosanne-Schulte-Huxel; Varia)

3 *Tullgarn 1c, Uppsala*

4 *Erwin Leiser*

Vorbereitung auf die Alijah nach Palästina

Neben der Unterbringung in Pflegefamilien wurden viele der Alijah-Jugendlichen in heimähnlichen Einrichtungen untergebracht, die im südschwedischen Skåne/ Schonen lagen. Eine Einrichtung befand sich in Svartingtorp in

Finja am Finjasjön nahe Hässleholm (→ Abb.8), dem Zentrum der schwedischen Hechaluz. Im westlichen Skåne wurde 1934 in Västraby das Internat *Kristinehov internatsskola* gegründet. Primäres Ziel dieser und anderer Einrichtungen soll aber nicht die Rettung jüdischer Jugendlicher, sondern deren Hachscharah für Palästina gewesen sein. Zu diesem Zeitpunkt war Kristinehov tatsächlich zionistisch ausgerichtet mit regelmäßigem Hebräisch-Unterricht. Dorthin kamen 1939 z. B. die Geschwister Eva und Karl-Heinz Tuteur, später lebten sie im Kibbuz BaDerech in Falun. Zu den Internatsschülern gehörte ebenfalls

Erwin Leiser, *1923 – Δ1996

In Berlin-Hohenschönhausen geboren und dort in der (früheren) Berliner Straße 118 aufgewachsen. Der Vater, von Beruf Rechtsanwalt, wurde 1933 mit Berufsverbot belegt und starb 1937 an einem Venenleiden. Die Mutter engagierte sich in der *Deutschen Liga der Menschenrechte* und war nach dem Tod von Hermann Leiser nicht mehr in der Berliner Straße gemeldet. (Berliner Adressbuch) Im Februar 1939 konnte Erwin im Rahmen der Jugend-Alijah mit einem Sammeltransport nach Schweden entkommen. Der Mutter gelang es, nach Goßbritannien zu emigrieren, wo sie in London lebte. Der 15-jährige EL besuchte in Schweden zunächst das Internat *Kristinehov*. Später studierte er in Lund. Ab 1943 schrieb er Rezensionen für die *Judisk Tidskrift.*

Ab 1950 lebte er in Stockholm und war bis 1958 Feuilletonredakteur der sozialdemokratischen Tageszeitung *Morgontidningen.* Er arbeitete außerdem als Übersetzer vom Deutschen ins Schwedische, so von Brecht, Celan, Dürrenmatt, Kafka, Werfel, Zuckmayer und vor allem von Nelly Sachs, die er sehr unterstützte und förderte. Laut Müssener war er »einer der maßgeblichen schwedischen Journalisten auf kulturellem Gebiet«. (*Exil*) Zudem publizierte er zwischen 1951 und 1969 in schwedischer Sprache Verschiedenes: *Vandring bland bokhyllor* (Wanderung zwischen Buchregalen) und *Nattstycken. Dikter om kärlek* (Nachtstücke. Gedichte überLiebe).

Nach seiner Hinwendung zum Medium Film übersiedelte er 1961 mit seiner schwedischen Frau Vera nach Zürich, wo beide sich als Dokumentaristen im deutschsprachigen Filmwesen einen Namen machten. Zwei Jahre später erschien von ihm in Zürich das Buch *Wähle das Leben* analog zum gleichnamigen Film. (→ Abb. 4) 1966 wurde er künstlerischer Direktor der neu gegründeten ›Deutschen Film- und Fernsehakademie in Berlin‹. An der Eröffnung im September konnte er nicht persönlich teilnehmen, seine Antrittsrede wurde von Vera L. verlesen. In den nachfolgenden Jahren kam es allerdings zu Unruhen und Unstimmigkeiten zwischen ihm und den Studierenden, was 1969 zur Auflösung des Vertrags in beiderseitigem Einvernehmen führte. Um 1989/1990 erhielt er auf Veranlassung von Helmut Müssener die Ehrendoktorwürde der Universität Stockholm. Von seinen zahlreichen Dokumentarfilmen ist vor allem *Mein Kampf* (1959) und *Pimpf war jeder* (1993) zu nennen. Drei Jahre nach seinem Tod starb auch Vera L. 1999 in Zürich. Im RA befindet sich zu seiner Person ein Dossier der Ausländerbehörde sowie eine Datensammlung der Judiska församlingen für die Zeit von 1939 bis 1946 und von 1959 bis 1996. (Varia)

Eva Warburg war sehr an dieser Schulungseinrichtung gelegen und plante im Sommer 1940, mit Hilfe der *Mosaiska församlingen* nahe Kristinehov eine weitere Immobilie für die Jugend-Alijah zu erstehen. Ebenso plädierte sie für die schnelle Ausreise von acht Jugendlichen aus diesem Internat. Die dafür von ihr geschätzten Kosten von 76 000 Krona würden ziemlich unter denen für die weitere Unterbringung liegen, wie EW der Gemeinde vorrechnete. Zudem würden mit der antizipierten Auflösung der Einrichtungen in Tjörnarp und Falun weitere Kosten wegfallen. (Maier-Wolthausen) Nach Ausbruch des Zweiten Weltkriegs und mit der Abreise der Jugendlichen nach Palästina verlegte man diese Einrichtung 1941 nach Ebbarp in der Gemeinde Osby nördlich von Hässleholm und führte sie neuen Aufgaben zu.

Als erste kibbuzähnliche Einrichtung entstand 1936 nahe Hässleholm in Svartingtorp am Finjasjön das Ausbildungszentrum *Hachscharah i Sverige, Kibbuz Svartingtorp*. Hier waren etwa 50 Jugendliche[5] untergebracht, weitere bei einzelnen Bauern. Die Einrichtung musste aber 1940 aus ökonomischen Gründen geschlossen werden. Ein zweiter Kibbuz wurde 1939 von Eva W. in Falun-Hälsinggården in Dalarna län gegründet. In beiden Einrichtungen sollte gemeinsam gearbeitet, hebräisch (ivrit) gelernt und sich auf das Leben in Palästina vorbereitet werden. Dazu trugen auch Wochenendseminare bei, die von deutschsprachigen Emigranten aus Stockholm gehalten wurden. (Vgl. Dünzelmann u. Müssener) Zusätzlich gab es zwei Einrichtungen für orthodoxe bzw. chassidische Praktikanten, wovon sich eine in einer Villa im smaländischen Växjö befand. (Glück)

Nach einigem Suchen wurde Mitte Juni 1939 in Falun eine geeignete Immobilie für die Einrichtung einer kibbuzähnlichen Gemeinschaft gefunden. Doch zuvor mussten andere infrage kommende Objekte aus Kostengründen abgelehnt werden. Die letztlich favorisierte Anlage befand sich in Hälsinggården am Hälsingstrand und wurde mit Hilfe von Hechaluz und Jüdischer Gemeinde von EW im Juli 1939 angemietet und in der Folge als gemeinschaftlich bewirtschaftete und genutzte Anlage genutzt und eingerichtet. Auf Schwedisch nannte man sie *Kibbutz på väg* (auf dem Weg)und auf Hebräisch.

5 *Kibbutzer i Sverige*

6 *Vor dem Kibbuz BaDerech*[5]

Kibbuz BaDerech

Diesen seinerzeit angesagten Namen hatte die Kibbuzgemeinschaft sich selbst gegeben. Wie aus einer Postkarte an den weiter unten genannten G. Heinrich hervorgeht, lautete die postalische Adresse anscheinend Kornäs in Falun/ Dalarna. (*Dagen, www.platser.se*) In offiziellen Unterlagen hieß die Einrichtung Internatsskolan Hälsinggård bzw. Hälsingstrand und wurde als Förening geführt. (KP-A) Sie war in einem ehemaligen Gutshof bzw. Herrgård in der für Dalarna typischen Bauweise untergebracht mit viel Natur ringsherum.

Anfangs waren dort 50 Jugendliche im Alter von 14 bis 17 Jahren[6] untergebracht, weitere 20 Plätze wurden durch Anmietung von Zimmern auf Bauernhöfen in der Nachbarschaft geschaffen. Um 1940 lebten hier etwa 60 Jugendliche, aufgeteilt in zwei Gruppen mit je 20 bis 30 Personen. 1943 erhöhte sich die Zahl auf 75 Personen, von denen jede täglich zwei (?) Krona kostete. (*Dagen*; Glück; SWT2; Varia)

Um die Jugendlichen auf das Leben in Palästina als Pioniere vorzubereiten, zog man sie zu Arbeiten im Wald, in Gemüsegärten und in der Landwirtschaft heran. Zugute kamen dem Kibbuz und auch der Waldwirtschaft das von einem der Bewohner initiierte Projekt der Spielzeugfabrikation, Pluha genannt, wo z. B. Holzpferde von den Jugendlichen hergestellt wurden. Im Herbst 1939 zeichnete sich das Kibbuz-Projekt durch eine gute Stabilität aus. Etwa 30 bis 40 Mädchen und Jungen hatten eine Arbeit in der Umgebung gefunden, davon waren 20 in der Waldwirtschaft beschäftigt. Die Mädchen wurden zumeist als Friseurinnen, Haushaltshilfen, Näherinnen und Polsterer ausgebildet. Auf diese Weise konnte sich die Kibbuz-Gemeinschaft selbst erhalten, wie es auch angestrebt war. Der Alltag war gut organisiert: Morgens um acht Uhr begann der Arbeitstag und endete in der Mittagszeit um 12.30 Uhr. Am Nachmittag gab es weiterbildende Angebote. Doch soll die spirituelle und soziale Begleitung unzureichend gewesen sein. (Vgl. Glück) Neben der Arbeit, dem politischen und sprachlichen Unterricht kam allerdings die Freizeit nicht zu kurz, wie sich Hans Kaufmann später erinnerte. Dass auch Jugendliche, die per *Svenska Israelmissionen* (→) nach Schweden gekommen waren, Aufnahme in diesem Kibbuz fanden und nach Palästina migrierten, zeigt das Beispiel von Siegfried Tschmul.

Doch nicht alle der als Transmigranten eingeordneten Jugendlichen waren an einer Weiterreise nach Palästina interessiert und suchten nach einer Möglichkeit, in Schweden bleiben zu können und sich eine berufliche Basis zu verschaffen. Etwa zwei Drittel sollen nach Palästina gegangen sein, während ein Drittel in Schweden blieb. (Glück) Zu Letzteren gehörten neben der bereits genannten Eva Tuteur beispielsweise Günter Heinrich und Ruth Kahn, während Thea Kurzbarth und Karl-Heinz Tuteur nach Palästina emigrierten, wie aus den Biografien hervorgeht:

Günter Heinrich, *1924 – Δ2015
In Breslau geboren und aufgewachsen. 1938 kam er mit einem Kindertransport nach Schweden. Von 1939 bis 1944 lebte er in diesem Kibbuz, verließ ihn aber 1944. Anfang der 1940er Jahre erhielt er noch Post von seinem Vater per Adresse Korsnäs in Falun. Mutmaßlich lebte er später in Stockholm bis zu seinem Tod. 2009 war er in beratender Funktion an der Herstellung eines

Films von Sveriges Television (SVT2) über den Kibbuz Falun beteiligt. Sein Grab befindet sich auf dem Skogskyrkogården im Bereich Minneslund. (*Dagen;* Varia)

Ruth Nelly Kahn / verh. Moos, *1924

In Offenburg geboren und aufgewachsen. Von 1935 bis 1939 lebte sie in Berlin und kehrte kurz nach Offenburg zurück. Von dort emigrierte sie mit einem Kindertransport am 14. August 1939 nach Schweden bzw. Falun. Während ihrer Zeit im Kibbuz lernte sie H. J. O. Moos (→) kennen. Beide verließen ungefähr 1944 den Kibbuz und gingen nach Göteborg, wo Ruth M. aktuell noch lebt. (Varia)

Thea Kurzbarth / Miriam Pollin, *1926

Ihre Familie stammte aus Oberschlesien und lebte im Hamburger Grindelviertel. Nach dem Pogrom 1938 beschloss die allein lebende Mutter Else K., ihre jüngste Tochter mit einem Kindertransport nach Schweden zu schicken. Der ältere Bruder lebte bereits in Palästina, die Schwester in den USA. Bei der Ankunft am Stockholmer Central-Bahnhof wurde Thea von einem älteren Mann namens Isaac in Empfang genommen und lebte dann zunächst bei seiner Familie in Skarpnäck. Zwar konnte sie sich jetzt frei bewegen, doch spürte sie, dass Flüchtlinge aus Deutschland nicht viel wert waren.

Später lebte sie im Kibbuz BaDerech zur Vorbereitung auf Palästina. Dort lernte sie Oshi Pollin kennen. Dieser war von Berlin aus nach Dänemark geflohen, von dort 1943 als blinder Passagier auf einem Schiff nach Luleå gekommen. Dort wurde er zunächst für einen Monat inhaftiert und lebte dann ebenfalls im Faluner Kibbuz. Thea und er heirateten 1945 und lebten vorerst in Sundborg, 14 Kilometer nordöstlich von Falun. Wohl zu dieser Zeit änderte Thea P. ihren Namen in Miriam.

Im Januar 1947 verließ das Ehepaar Pollin Schweden, um mit einem illegalen Schiffstransport nach Palästina zu kommen. Doch wurde das Schiff im Mittelmeer von der britischen Mandatsmacht gestoppt und alle 700 Passagiere in einem Flüchtlingslager auf Zypern interniert. Zusammen mit einigen anderen Insassen gruben Miriam und Oshi einen Fluchttunnel und konnten am 13. Januar 1948 nach Nord-Palästina fliehen. Zunächst lebten sie in einem Kibbuz, doch ihr Zuhause und das der Kinder wurde ein Ort in der Nähe von Ma'alot (20 Kilometer östlich von Nahariya). In Ma'alot verbrachte Oshi P. die restlichen Jahre seines Lebens in einem Altersheim der Zedakah*. Miriam P. ist des Öfteren Gast der Zedakah in Bad Liebenzell. (*Dagen;* sydsvenska.se; Zedakah-Auskunft)

Isbert Levi, *1924 – Δ2011

Als 14-Jährigen schickten ihn die in Rexingen lebenden Eltern Samuel und Jeanette Levi am 3. Juli 1939 mit einem Kindertransport nach Schweden. Die Reise ging mit der Bahn über Berlin nach Saßnitz auf Rügen und dann per Schiff weiter nach Trelleborg. Von dort brachte man die Gruppe nach Falun in den Kibbuz Häslinggården, wo er auf ein Pionierleben in Palästina vorbereitet werden sollte. Doch wollte er lieber Konditor werden wie es schon ein Onkel in Rexingen war. (Synagogenverein Rexingen) Er verließ 1944 den Kibbuz, um sich in Örebro ausbilden zu lassen. Hier fand er eine neue Heimat, heiratete und gründete eine Familie. Nachkommen leben noch in Örebro, ebenso gibt es dort ein Cafe namens Levi's Coffeeroom mit Hotel. Rexingen hat IL später nur einmal besucht. Seine Eltern wurden 1942 nach Riga deportiert und kamen mutmaßlich zwei Jahre später ums Leben. Auch IL war 2009 als Zeitzeuge am oben erwähnten Film über den Kibbuz in Falun beteiligt. (*Dagen;* SVT2; Varia)

Otto Schwarz, *1921 – Δ2007
Manfred Schwarz, *1922 –Δ2012

Die aus Binswangen gebürtigen und in Wiesbaden aufgewachsenen Brüder kamen im August 1939 im Rahmen der Jugend-Alijah mit einem Transport von Köln über Berlin, Saßnitz und Trelleborg nach Schweden. Beide wurden von der Hechaluz nach Svartingtorp geschickt, nach der Schließung brachte man sie im Kibbuz BaDerech unter. Otto und Manfred verließen diesen wohl um 1943/44 und gingen mit ihren zukünftigen Ehefrauen nach Stockholm. Otto S. heiratete im Juni 1944 Eva Tuteur, Manfred im Oktober 1944 Irma Bergmann (*1926) aus Flensburg. Mit ihr hatte Manfred zwei Kinder, ein drittes mit einer anderen Frau. Irma Schwarz lebt aktuell in einem Altersheim in Johanneshov/ Stockholm. (Varia)

Eva Tuteur, verh. Schwarz, *1924 – Δ2005
Karl-Heinz Tuteur / Yehuda Tamir, *1926 – Δ2004

Die in Kaiserslautern aufgewachsene Eva reiste 1939 mit ihrem Bruder Karl Heinz per Kindertransport nach Schweden, wo sie zunächst in Kristinehov lebten. Hier war auch Gisela Tuteur, eine Verwandte, als Lehrkraft tätig. Noch vor der Verlegung des Internats nach Osby besuchten beide kurz eine andere Schule und kamen dann nach Hälsinggården, um sich auf ein Leben in Palästina vorzubereiten, so Evas eigene Aussage. Doch schloss sie sich 1941 nicht dem geplanten Transport an und blieb weiterhin im Kibbuz BaDerech. Sie arbeitete als Kindermädchen und ließ sich zur Kindergärtnerin bzw. Erzieherin ausbilden. Im Kibbuz freundete Eva sich mit Otto Schwarz an. Mit ihm verließ sie 1944 den Kibbuz und ging nach Stockholm, wo sie im Juni heirateten. Zusammen hatten sie drei Kinder. (Ebd.)

Karl-Heinz hingegen schloss sich der Gruppe an, die im März 1941 noch nach Palästina reisen konnte und nahm den Namen Yehuda Tamir an. Später war er in Israel anscheinend im Planungsstab des Bauministeriums tätig. (Ebd.)

Mit Ausbruch des Zweiten Weltkriegs änderte sich die Situation: Die bisherigen Routen durch Westeuropa waren versperrt; hinzu kam 1940 der Zusammenbruch vieler Hilfsnetzwerke. Einzig möglicher Weg der Transitmigration nach Palästina war der Weg über Leningrad und Odessa in der Sowjetunion, weiter mit dem Schiff über Varna in die Türkei, dann mit der Bahn durch Syrien mit Haifa als Ziel. Nicht nur eine beschwerliche, sondern auch sehr teure Route. Für alle Länder mussten Transitvisa beschafft werden und für die Einreise in Palästina notwendige Zertifikate. Eine schwierige Arbeit, für die EW alle ihr zur Verfügung stehenden Beziehungen nutzte. Die aber auch ihre Spitzfindigkeit aufzeigt, ging es doch u. a. um die Kostenübernahme durch die Jüdische Gemeinde. So fielen an Reisekosten etwa 76 000 Krona an, deren Übernahme die *Mosaiska församlingen* zunächst ablehnte. Erst nach einer von EW aufgestellten Kostenrechnung war die Gemeinde mit dem Transport einverstanden. Sie hatte nachweisen können, dass die Kosten für eine weitere Unterbringung der Jugendlichen deutlich höher lagen als die für die Reise nach Palästina. (Maier-Wolthausen)

Als Vertreterin der Jugend-Alijah in Schweden legte sie in einem Brief vom 8. Mai 1940 an das *Mosaiska församlingens hjälpkommitté i Stockholm* außerdem dar, dass die notwendigen Zertifikate demnächst telegrafisch aus Jerusalem zugesandt würden. Doch waren die Reisemittel, die bisher von jüdischen Institutionen im Ausland übernommen wurden, zur Zeit sehr eingeschränkt. »Aber die Umstände sind außergewöhnlich. Es ist eine sehr seltene Gelegenheit, dass man so viele Zertifikate zur gleichen Zeit bekommt, es ist eine Chance, die vielleicht niemals wiederkommt.« Das und die mögliche Kostenersparnis schien die Gemeinde zu überzeugen. So bewilligte sie laut Protokoll des Hilfskomitees vom 27. Mai 1940 einen Betrag von 20 000 Krona für 114 Jugendliche mit Begleitung. (Ebd.)

Insgesamt sollten nach den Plänen des britischen Büros der Kinder- und Jugendalijah 120 Personen aus Schweden ausreisen, davon 85 mit einem Jugendzertifikat und 35 mit einem Kinderzertifikat. Die Gruppe sollte von 40 älteren Chaluzim begleitet werden, die aber ein so genanntes Kapitalistenzertifikat (Vermögensnachweis) benötigten. Ob und wie viele Jugendliche noch ausreisen konnten, ist in den Quellen nicht vermerkt. Zumindest gibt es keinen Nachweis über eine Ausreise nach Oktober 1941. (Ebd.) Wie die Kurzbiografie von Siegfried Tschmul (→ SIM) zeigt, konnte er im März 1941 noch mit einem von Dänemark kommenden Transport (→ Exkurs I) nach Palästina emigrieren, ebenso der oben genannte Karl-Heinz Tuteur.

EW selbst hatte ja geplant, diesen Transport zu begleiten und in Palästina zu bleiben. Im August 1940 hatte sie das erforderliche Zertitifat beantragt und einen Bankauszug als Nachweis dafür vorgelegt, dass ihr Lebensunterhalt in Palästina gesichert war. Doch blieb sie trotz des erhaltenen Zertifikats in Schweden, um hier weiterhin unterstützend tätig zu sein. So half sie mit bei der Rettung in Dänemark lebender Juden, indem Fischerboote gechartert wurden, die vor der dänischen Küste entlang fuhren und Flüchtende aufnahmen. (SWA) Außerdem organisierte sie zusammen mit Emil Glück eine Sammlung dafür notwendiger Gelder, die insgesamt über 45 400 Krona erbrachte.

1943 nahm der Kibbuz in Falun u. a. vier aus Dänemark geflüchtete jüdische Jugendliche auf. Zu dieser Gruppe gehörten neben Berthold Rindsberg (→ Exkurs I) auch Hans Kaufmann und Hans Moos:

Hans Simon Kaufmann, *1925 – Δ2016
Er wuchs in Münster in einer Rechtsanwaltsfamilie auf. Der Vater Ludwig K. war Rechtsanwalt und verlor 1933 seine Zulassung. Er, seine Frau Lucie und die Tochter Grete waren Mitglieder in der Zionistischen Vereinigung für Deutschland und wollten eigentlich nach Palästina auswandern. Doch es fehl-

ten die finanziellen Mittel für alle. So wurde beschlossen, dass Grete und eine Cousine allein nach Palästina reisten. Hans wurde dagegen 1939 von den Eltern mit einem Kindertransport nach Dänemark geschickt. Von hier sollte es nach der Vorbereitung auf Dyrehoj in Kalundborg nach Palästina weitergehen. Er war zwar der einzige Jude auf dem Hof, doch traf er sich regelmäßig mit anderen jüdischen Jugendlichen zu nicht nur geselligem Beisammensein. Es wurde viel diskutiert sowie Englisch und Hebräisch gelernt.

Bis 1943 arbeitete er in der Landwirtschaft, musste aber am 7. Oktober 1943 mit insgesamt 186 anderen Juden von Gilleleje nach Schweden über den Sund flüchten. (→ Exkurs I) In Höganäs übernachteten er und drei weitere Jugendliche, darunter auch H. Moos erst einmal in einer Turnhalle, in einem Hotel wurden sie mit Essen versorgt, wobei sie bei der Zubereitung in der Küche mithalfen. Am nächsten Tag erzählten Vertreter der Hechaluz ihnen von dem neuen Kibbuz in Falun in Dalarna län. Die Vier waren begeistert und fuhren noch am gleichen Tag über Helsingborg bzw. Malmö mit dem Nachtzug nach Stockholm.

Dort kamen sie am 10. Oktober, dem Jom Kippur-Fest, an. Mutmaßlich dürfte Eva Warburg sie am Centralbahnhof begrüßt und zum Gemeindehaus der Mosaiska Församlingen in der Wahrendorffsgatan gebracht haben. Hier wurden sie mit entsprechender Kleidung für die Feierlichkeiten in der Synagoge ausgestattet. In der Nacht schliefen sie auf einem Matratzenlager im Keller eines Hauses am Strandvägen, mutmaßlich Nr. 41, wo auch EW und ihre Eltern lebten. Dann wurde die Reise nach Falun bzw. Hälsinggården fortgesetzt. (Interneteintrag *Hechaluz Helsingborg*)

Im Kibbuz war HK in der Waldwirtschaft tätig und lernte mit dem Material Holz umzugehen. So arbeitete er auch in der dem Kibbuz angeschlossenen kleinen Spielzeugfabrik Pluha. Während eines kurzen Aufenthalts in Stockholm lernte er seine spätere Ehefrau Anna-Britt kennen. Nach der Auflösung des Kibbuz 1946 arbeitete er als Tischler in Stockholm und gründete in den 1950er Jahren in Bromma auf dem neu erschlossenen Blackeberg ein Unternehmen. 1955 heirateten Anna-Britt und er und bekamen die beiden Söhne Dan und Michael. Zuletzt lebte das Paar in Spånga nahe Stockholm und engagierte sich u. a. im Judiska museet Stockholm. Des Öfteren besuchte HK mit seiner Frau Münster und führte als Zeitzeuge viele Gepräche nicht nur mit Jugendlichen. In einem Nachruf anlässlich seines Todes am 24. November 2016 gedachte die Stadt Münster auch seiner Eltern.

Mit diesen hatte er bis 1941 in einem regen Briefkontakt gestanden. Im Dezember 1941 wurden sie nach Riga deportiert. Der Vater kam 1943 in das KZ Kaiserwald bei Riga und wurde mutmaßlich wenig später nach Auschwitz deportiert und dort umgebracht. Die Mutter überlebte das KZ Stutthof bei Danzig und sollte mit anderen Häftlingen noch kurz vor Kriegsende zu Fuß nach Neustadt in Schleswig-Holstein laufen. Der Marsch endete im Auffanglager Fuhlsbüttel, sie selbst kehrte im Oktober 1945 nach Münster zurück. 1948 hielt sie sich kurze Zeit in Palästina bei der Tochter Grete auf und zog nach ihrer Rückkehr 1949 zu ihrem Sohn Hans nach Stockholm, wo sie 1951 starb. (www. muenster.de; Varia)[7]

Hans Josef Otto Moos, *1924– Δ2013 in Göteborg

Im September 1939 war der aus Neu-Ulm Gebürtige mit Hilfe der Jugend-A-lijah nach Dänemark zur Vorbereitung auf Palästina gekommen. Am 7. Oktober 1943 flüchtete er mit drei Freunden, darunter auch H. Kaufmann, nach Schweden und kam in Hälsinggården unter. Hier lernte er seine spätere Ehefrau Ruth Kahn (→ S. 28) kennen, mit der er bald den Kibbuz verließ und nach Göteborg ging. Sie heirateten 1946 und bekamen zwei Kinder. Zunächst war HM Metallarbeiter, dann studierte er an der Technischen Hochschule mit finanzieller Unterstützung seiner Frau. Nach Beendigung des Studiums 1951 war er beim Autohersteller Volvo als Ingenieur tätig. Sein Bruder Ernst M. (1913-1988) war rechtzeitig nach Südafrika emigriert und lebte dort bis zu seinem Tod. (Varia)

Als im Laufe des Jahres 1944 auch finnisch-jüdische Kinder nach Schweden evakuiert wurden, nahm der Kibbuz BaDerech sechs dieser *Finska Krigsbarn* auf. (→ Exkurs III) Ab Ende 1944 wurden auch hier Holocaust-Überlebende betreut, und zwar bis zr Schließung 1946. (RA: Judiska församlingen) Eva W. nutzte nunmehr die Möglichkeit, endlich selbst nach Palästina zu gehen. Ein anderer Teil der inzwischen jungen Erwachsenen reiste z. B. 1947 mit einem illegalen Transport nach Palästina, wie z. B. Thea Kurzbarth (S. 28) berichtete. (Varia)

Die Svenska Israelmissionen (SIM)

Im Jahr 1920 wurde in Wien-Alsergrund in der Seegasse 16 die schwedische Israelmission, auch Seegassen-Mission genannt, gegründet. Starken Zulauf erhielt sie nach dem ›Anschluss‹ Österreichs an Nazi-Deutschland und musste neben ihrer spirituellen Tätigkeit vor allem Aufgaben im sozialen Segment hinsichtlich einer stark nachgefragten Auswandererhilfe übernehmen. Zudem waren viele der ›Missionierten‹ nunmehr auf Unterstützungsleistungen angewiesen. Über Sylvia Wolff, Mitarbeiterin der SIM, gab es Verbindung zu dem im September 1938 in Berlin gegründeten Büro Grüber, benannt nach dem gleichnamigen evangelischen Probst. Die Aufgabe des Büros bestand vor allem darin, rassistisch verfolgten evangelischen Christen eine Emigration zu ermöglichen. Auch für Österreich plante S. Wolff eine Aktion zur Rettung getaufter jüdischer Kinder. (Pammer; Varia)

Im Oktober 1938 nahm sie deswegen Kontakt zum Erzbischof von Uppsala (und Primas der Schwedischen Kirche) auf. Der veranlasste umgehend den dortigen Missionsdirektor, Verhandlungen über einen Transport nach Schweden einzuleiten. Da die Kinder und Jugendlichen nicht den Arbeitsmarkt belasteten, war man offen für deren Rezeption, wenn auch zeitlich befristet. So wurden 100 Kindern unter 14 Jahren und 50 Jugendlichen bis 18 Jahren die Einreise genehmigt. Nach Rücksprache mit dem Grüber-Büro lag die Quote dann bei 65 und 30. Tatsächlich kamen 80 der insgesamt 500 nach Schweden transportierten deutschsprachigen Kinder aus Österreich. Ein Teil von ihnen wurde mutmaßlich von der Jüdischen Gemeinde in Malmö in schonischen Einrichtungen untergebracht. (Pammer)

Aber nicht jedes Kind konnte berücksichtigt werden. Denn von Seiten des Aufnahmelandes Schweden wurde ein regelrechter Katalog aufgestellt. Es wurden vor allem evangelische, jüdische oder konfessionslose Kinder bevorzugt, katholische sollten am besten nicht berücksichtigt werden. Von den letztendlich ausgesuchten 65 Kindern waren 49 evangelisch, vier katholisch, eines altkatholisch, drei ohne Konfession und acht jüdisch. Weitere Kriterien waren ein einwandfreier gesundheitlicher Zustand und Charakter. Nach Vorstellungen des schwedischen Missionsdirektors sollten sie so sein: tüchtig, wohlerzogen, evangelisch, körperlich und geistig gesund; und im Aufnahmeland sollten sie nicht der staatlichen Fürsorge zur Last fallen. Nach Möglichkeit sollten die Eltern auch die Transportkosten übernehmen. Weiter hatten sie nachzuweisen, dass sie bald in sichere Länder emigrieren und die Kinder nachholen konnten. Das war ein zeitimmanentes Verhalten, wie Pammer in *Barnen* ausdrücklich betont. Nicht vergessen werden darf die seinerzeit hohe Arbeitslosigkeit in Schweden, verbunden mit oft unguten Wohnverhältnissen.

Ebenso musste auf die Wünsche der Pflegeeltern eingegangen werden. So wurden Mädchen bevorzugt, sie konnten im Haushalt helfen und galten als weniger problematisch. Tatsächlich traten eher Söhne die Reise ins Ungewisse an als Töchter. Unter den 65 Kindern befanden sich 39 Jungen und 26 Mädchen. Allgemein war man bei den Kindern bzw. Jugendlichen an künftigen Hausmädchen und in der Land- und Waldwirtschaft Tätigen interessiert. Die Unterbringung sollte primär in Pflegefamilien erfolgen. Wer nicht vermittelt werden konnte, kam zunächst in einem Heim unter. Darunter hatte besonders der weiter unten aufgeführte Otto Ullmann zu leiden: Er passte mit seinem dunkleren Teint nicht in das Raster skandinavisch-blonder Jugendlicher. (Ebd.)

Der erste Transport verließ den Wiener Westbahnhof am 1. Februar 1938 um 20.12 Uhr in Begleitung von zwei Betreuerinnen. Die Reise ging über Berlin nach Saßnitz, dann mit der Fähre nach Trelleborg und weiter mit dem Zug nach Göteborg. Dort begann die Verteilung auf die Pflegeeltern. Ungefähr 25 zumeist ältere Jungen blieben übrig, die in das Kinderheim *Hemhult* in Tollarp südwestlich von Kristianstad gebracht wurden. Hier bestimmte ein streng reglementierter Tagesablauf mit religiösen Inhalten das Leben. Es wurde weiterhin versucht, sie in Privathaushalten unterzubringen oder sie bei Bauern und Gewerbetreibenden als Arbeitskräfte zu vermitteln. So gab es jeden Sonntag eine öffentliche ›Beschau‹ der Jugendlichen. Diejenigen, die letztlich nicht in Privathaushalte vermittelbar waren, brachte man bei Bauern und Gewerbetreibenden unter. So auch Otto Ullmann, der sich zusammen mit anderen darüber beschwerte. Denn vor der Ausreise hatte man ihnen zugesagt, sie würden in Familien unterkommen und eine weiterführende schulische Ausbildung erhalten. (Åsbrink; Pammer) Eine weiteres Heim befand sich in Tostarp nordöstlich von Tollarp bei Hässleholm. Hier sollten 20 bis 30 nicht in Familien vermittelte Jugendliche über 14 Jahren auf den Aufenthalt in einer ge-

planten ›judenchristlichen‹ Kolonie in Südamerika oder Afrika vorbereitet
werden. (Pammer)

Zu den aus Wien geretteten Kindern gehörten diese drei mit sehr unterschiedlichen Lebensläufen:

Harry Leo Schein, *1924 – Δ2006

In Wien geboren und aus einer Oberschichtfamilie stammend. Anfang April
1939 schickte ihn die inzwischen verwitwete Mutter mit einem Kindertransport über Berlin, Saßnitz und Trelleborg nach Schweden. Zunächst brachte
man ihn auf einem Bauernhof in Småland unter. Er wurde aber nach einem
Jahr wegen seiner ›Romanze‹ mit der Tochter des Bauern entlassen. Danach
fand er Unterkunft in Uppsala im dortigen *Judiska pojkhemmet i Uppsala,* wo
er aber nicht gerade glücklich war. Er arbeitete erneut in der Landwirtschaft,
und zwar im Stall des nahe gelegenen Ultuna-Anwesen*s.* Der Stallgeruch
setzte sich so in seiner Arbeitskleidung fest, dass es die anderen im Heim störte. Ebenso war er als Laborgehilfe tätig und bildete sich schulisch weiter.
1940 ging er nach Stockholm und lebte vorübergehend im dortigen *Judiska
pojkhemmet* in der Hornsgatan 75, um sich auf ein Chemiestudium an der
Technischen Hochschule in Stockholm vorzubereiten. Doch war der Anfang
in Stockholm und die damit verbundene Selbständigkeit schwer für ihn. So
berichtete Sophie Michaelis, Leiterin des Heims in Uppsala, dass Harry zuviel
arbeitete und zu wenig aß. Sie veranlasste, dass ihm die Judiska församlingen
mehr unterstützte, auch in Form von Lebensmitteln.

1950 erhielt er die schwedische Staatsbürgerschaft und setzte seine zuvor begonnene journalistische Tätigkeit fort. Vor allem wandte er sich dem
Medium Film zu. Er gilt als Reformer der schwedischen Filmwirtschaft und
war Mitbegründer des Schwedischen Filminstituts. Doch stand er Ingmar
Bergmann kritisch gegenüber. Politisch ordnete er sich den Sozialdemokraten
zu und war z. B. mit Olof Palme befreundet. Von 1956 bis 1989 war er mit
der Schauspielerin Ingrid Thulin verheiratet. Zuletzt lebte er in Danderyd. In
der Kritik wird er dargestellt als ehrgeizig, charismatisch und witzig-frech,
der als ein ›Nichts‹ in Schweden ankam. Der sich anpassen musste und es
schaffte, eine hohe gesellschaftliche Position zu erringen. (Dünzelmann; Müssener, *Exil; www.unt.se/14601994;* Upsala Nya Tidning; Varia) Im RA befinden sich
Archivalien im Gösta Bohmanns arkiv III, Vol. 7, 1980-1990.

Siegfried Tschmul / Shlomo Shaked, *1924 – Δ2011

Während sein Bruder Kurt nach Schottland kam, reiste Siegfried nach einer ausführlichen Befragung durch eine Schwedin 1939 mit einigen Jungen und Mädchen auf der üblichen Route nach Stockholm. Hier lebte er zunächst bei einer Familie auf Kaggeholmen. Im Dezember 1940 besuchte diese mit ihm den Kibbuz in Hälsinggården, was ihn bewog, auch dort leben zu wollen und sich auf die Alijah vorzubereiten.

Im März 1941 bekam er die Möglichkeit, zusammen mit aus Dänemark angereisten und weiteren in Schweden lebenden Hechaluz-Jugendlichen nach Palästina zu emigrieren. (→ Exkurs I) Mit Schiff und Bahn ging es über Helsinki und Leningrad nach Odessa, von dort per Schiff nach Varna und Istanbul. Dann weiter mit der Bahn nach Beirut und schnell mit Taxis über die Grenze nach Haifa. ST nahm einen hebräischen Namen an und ging zur Britischen Armee. Als Soldat kämpfte er in Italien und kam als Befreier nach Österreich, blieb aber nicht dort. In Haifa fand er eine neue Heimat, er heiratete und wurde Vater von zwei Kindern. (Projekt *Letter;* Varia)

Otto Ullman(n), *1926 – Δ2005

In Wien geboren und aufgewachsen. Der Vater Josef U. war Sportjournalist und verlor nach dem Anschluss Österreichs seinen Arbeitsplatz. Um zunächst den Sohn Otto in Sicherheit zu bringen, schickten er und die Mutter Elise ihn mit einem Kindertransport im Februar 1939 nach Schweden. Dorthin schrieben sie ihm an die 500 Briefe. Sie selbst hofften, auch bald ein Exilland zu finden und Otto wieder zu sich nehmen zu können. Gerne wären auch die Eltern nach Schweden emigriert und baten Otto eindringlich um Mithilfe. Dieser sprach deswegen den Missionsdirektor der SIM an, der ihn aber abschlägig beschied. Im Oktober 1942 wurden Josef und Elise Ullmann nach Theresienstadt deportiert und kamen im Herbst 1944 in Auschwitz ums Leben, wovon Otto 1946 erfuhr. (Vgl. Åsbrink; Varia)

Als der dreizehnjährige Otto in Trelleborg ankam, war es schwierig, für ihn Pflegeeltern zu finden. Er entsprach nicht dem gewünschten Schema. Das belastete ihn sehr, weil er dadurch keine weiterführende Schule besuchen konnte. Für ihn begann im Kinderheim Hemhult in Tollarp erst einmal eine ›Heim-Karriere‹. Von dort kam er zum Lager Tostarp. Doch wegen der Bekehrungsversuche lief er fort und kehrte nach Tollarp zurück. Mutmaßlich soll er kurz vor der Abreise aus Wien getauft worden sein, in Tostarp war ihm aber klar geworden, dass es für ihn nur eine Religion gab: die jüdische. (Vgl. Pammer). Er arbeitete im südlichen Småland zunächst bei einem Schlachter als Gehilfe, dann auf einem Pachthof, immer als billige Arbeitskraft. 1944 kam er zur Familie Kamprad auf einen Gutshof in der kleinen Gemeinde Pjätteryd, wo er sich mit dem Sohn Ingvar anfreundete – trotz der nicht nur ideologischen Unterschiede. Diese waren ihm aber anscheinend nicht bekannt oder er verdrängte sie aus überlebensstrategischen Gründen. Denn die Kamprads waren überzeugte Nazis. (Pammer; Varia)

1955 erhielt er nach dreimaligen Versuchen endlich die schwedische Staatsangehörigkeit. Er heiratete und hatte drei Kinder. Später gründete Ingvar K. mit Ottos Hilfe die Firma Ikea, wo dieser als Mitarbeiter tätig war. Jahre später trennten sich ihre Wege. Erst 1998 erfuhr er vom ›Doppelleben‹ des früheren engen Freundes. Den Lebensunterhalt verdiente er sich nunmehr als Journalist, in der Werbebranche und als Restaurantbesitzer. Sein Zuhause wurde der Stockholmer Vorort Saltsjöbaden. Im Jahr 2009 übergab die Tochter von Otto Ullman der Journalistin Elisabeth Åsbrink die 500 Briefe, die ihm seine Eltern nach Schweden geschickt hatten. Diese verwertete sie in ihrem 2011 erschienenen Buch *Och i Wienerwald står träden kvar*. (→ Abb.7)

Aus internationaler und schwedischer Sicht wird die Arbeit der SIM inzwischen als fragwürdig eingeordnet. Man wirft ihr neben einem religiös motivierten Antisemitismus auch Zwangstaufen von Kindern und zweifelhafte Auswahlkriterien bei der Zusammenstellung der Kindertransporte vor. Einige der Kinder wurden wohl schon vor der Abreise von SIM-Missionaren getauft, andere nach der Ankunft im Aufnahmeland Schweden. Auf jeden Fall kam es hier besonders im ländlichen Bereich zu massiver religiöser Indoktrination. Was Lomfors *(barndom)* ausführlich beschrieben hat und von Pammer andiskutiert wurde. *(Barnen)*

Bei Erscheinen des Buches von Åsbrink, das Pammer als »einen Frontalangriff auf SIM und ihre Kinderhilfsaktionen« bezeichnet, kam es in *Dagens Nyheter* zu einer kontroversen Diskussion. Vor allem die Unterbringung von O. Ullman auf dem Gut des Nazis und Faschisten Kamprad durch die SIM bzw. ihre Mitarbeiter wurde heftig kritisiert. Ilse Aichinger als getaufte Jüdin warf der SIM vor, nicht in erster Linie »an der Rettung ihrer Schützlinge vor der Verfolgung und Vernichtung« interessiert gewesen zu sein, sondern mehr an der Rettung der Seelen. (Ebd.)

7 *Otto Ullmann*   8 *Am Finjasjön*

Betreuende Einrichtungen

in Dalarna län, Uppsala und Stockholm:

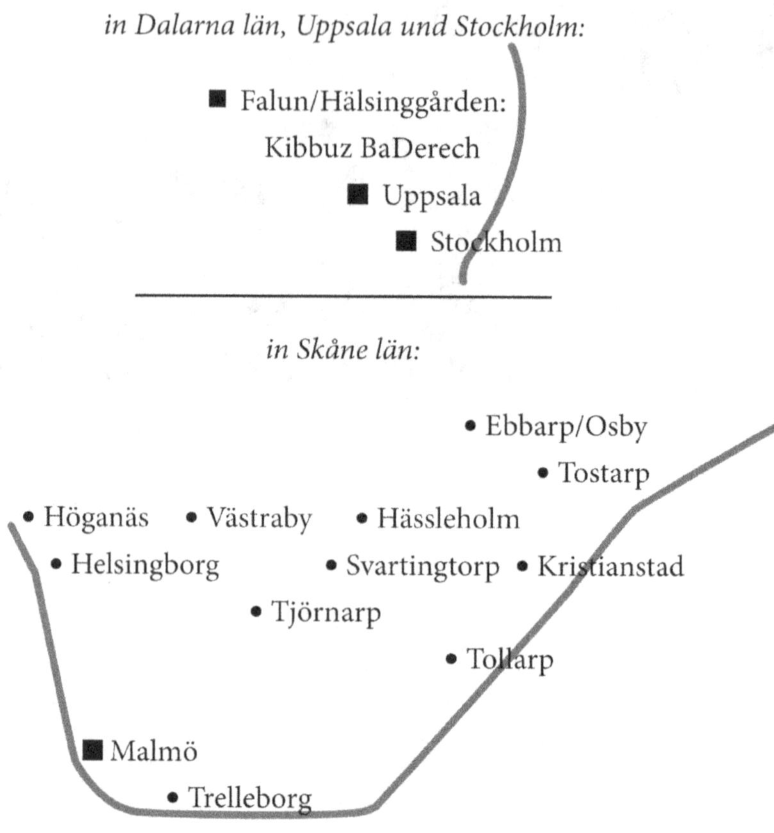

in Skåne län:

Falun / Hälsinggården
Siehe oben unter Kibbuz BaDerech

Hässleholm

Dieser Ort liegt im nördlichen Schonen an der Bahnstrecke von Malmö nach Jönköping und auf der östlichen Seite des Finjasjön. Hier befand sich das zentrale Sekretariat der schwedischen Hechaluz-Bewegung in der Vallgatan 5. Diesem angeschlossen waren mehrere Einrichtungen für erwachsene Chaluzim zur Vorbereitung auf Palästina. Es wurde gemeinsam gearbeitet, Hebräisch gelernt und sich auf das Leben in Palästina vorbereitet. Dazu trugen auch Wochenendseminare bei, u. a. gehalten von in Stockholm lebenden deutschen Exilierten. Kontakte gab es über das Vorstandsmitglied W. Smulowicz (S. 59) auch zur Kleinen Internationale in Stockholm, aber nicht zu anderen deutschsprachigen Vereinigungen. 1946 wurde in Hässleholm das *Das arbeitende Erez Jisrael, Ein Sammelbuch* herausgegeben. (Dünzelmann; Varia)

Kristinehov / Västraby = *Internatsskolan*

Im westlichen Skåne wurde 1934 in Västraby(-Möllarp), in der Gemeinde Kattarp nahe Helsingborg, dieses Internat von dem Berliner Ehepaar Charlotte und Ludwig Posener gegründet. Der Name leitete sich allerdings von einem anderen Ort her.[8] Als Schulabschluss wurde die Mittlere Reife zum Besuch einer höheren Lehranstalt angeboten. Es ist unklar, ob es tatsächlich von Beginn an eine zionistisch orientierte Einrichtung zur Vorbereitung auf Palästina war. Allerdings bot das stark landwirtschaftliche geprägte Gebiet gute Voraussetzungen dafür. Infrastrukturell war der Weiler durch die einspurige Kleinbahn mit Höganäs verbunden. Zeitweise diente das Internat auch als Feriencamp für jüdische Kinder. So verbrachten 1937 und 1938 dort etwa 60 Berliner Kinder ihre Sommerferien, die u. a. vom späteren Bratschisten Kurt Lewin betreut wurden. (Dünzelmann)

Nicht nur ehemalige Schüler vertraten die Meinung, dass das Internat erst nach dem 9. November 1938 und unter anderer Leitung eine den Bedürfnissen der Hachscharah entsprechende Bedeutung erhielt mit regelmäßigem Hebräisch-Unterrricht. Die schulische Ausbildung wurde nunmehr auf ein Leben in Palästina ausgerichtet mit einem ähnlichen Konzept wie das in der Landbauschule der Quäker in Eerde/ Holland. Dementsprechend hoch war die Fluktuation der Schülerschaft, wie Feidel-Mertz betont: »Schubweise kamen und gingen die Kinder, einzelne auch in andere Länder als Palästina«. Aber auch die Lehrkräfte wechselten häufig, die Poseners z. B. emigrierten 1937 nach Palästina. Während der nächsten drei Jahre war Ernest M. Wolf Leiter der Schule. (*Schulen*; s. a. Müssener)

Viele der dortigen Aktivitäten (Schreinerei, Landbau) dienten der Selbstversorgung. Insgesamt konnte Kristinehov etwa 175 Jugendlichen zur Flucht aus Deutschland verhelfen. Im Sommer 1940 sollte die Einrichtung um eine Immobilie ganz in der Nähe mit Hilfe der *Mosaiska församlingen* erweitert werden. Doch mit Ausbruch des Zweiten Weltkriegs verlor es seine Bedeutung als Transmigrationseinrichtung und man verlegte es im Oktober 1941 nach Ebbarp in der weiter östlich gelegenen Gemeinde Osby. Das ehemalige Internat wurde später zu einem Kinderheim für die Rückschulung in das Judentum der über ganz Schweden verstreuten jüdischen Kinder umgewidmet. (Rudberg; Varia)

Einer der Internatsschüler war der oben genannte Erwin Leiser, der im Frühjahr 1939 aufgenommen wurde, aber nicht nach Palästina emigrierte. Seine Probleme und die der anderen wurden oft von den Lehrkräften nicht wahrgenommen, wogegen einige der Schüler opponierten und eine Art Schülerrat mit eigenen Verhaltensregeln aufstellten. Wichtig war im Schulleben, »die Orientierung am gemeinsamen Schicksal und [die] kollektiv zu bewältigende Zukunft. Über die Verfolgung in Gegenwart und jüngster Vergangenheit durfte aber nicht gesprochen werden.« (Feidel-Mertz; Müssener) Zwei weitere Schüler waren die oben dargestellten Geschwister Eva und Karl-Heinz Tuteur, die von 1939/40 dort lebten und eine Verwandte der Lehrkraft Gisela Tuteur waren.

Ebenfalls zum Lehrpersonal gehörte der aus Essen stammende angehende Lehrer Berthold Levy (Levi). Als dort bereits tätig gewesener Referendar musste er in Schweden ein erneutes Studium absolvieren. Dafür könnte er sich in Stockholm aufgehalten haben, wo er Mitglied der dortigen von Emigranten gegründeten Lehrergemeinschaft und 1944 auch des Freien Deutschen Kulturbundes* war. Obwohl er dem Hechaluz nahe stand, emigrierte er nicht nach Palästina, vielmehr heiratete er eine Christin und lebte mit seiner Familie in Südschweden. (Müssenr; Varia)

Stockholm = *Mosaiska pojkhemmet i Hornsgatan / i Fleminggatan*
Von der Jüdischen Gemeinde wurde dieses Jungenheim in Södermalm in der Hornsgatan 75 eingerichtet, und zwar unter der Leitung von Elisabeth Müller-Winter (→ Michaeli*). Insgesamt lebten dort 135 Jungen im Alter von acht bis

etwa 16 Jahren, zum Teil auch ältere. Der oben dargestellte Harry Schein hielt sich hier ebenfalls auf, wenn auch nur kurz. Ab Ende 1944 wurden zudem Holocaust-Überlebende aufgenommen. Das heute noch existierende Gebäude, ein mehrstöckiges Wohnhaus mit einem Ladengeschäft, befindet sich nahe dem Ringvägen. Möglicherweise wurde es seinerzeit nicht vollständig genutzt, sondern nur einige Wohnungen.

Ein weiteres Heim befand sich in der Fleminggatan 45, wo z. B. Nelly Sachs und ihre Mutter für zwei Monate im Sommer 1940 unterkamen. Vorübergehende Leiterin war die oben genannte E. Müller-Winter. (Aussage Jan Winter; Varia)

Svartingtorp i Finja

Im November 1936 als kibbuzähnliches Ausbildungszentrum auf dem gleichnamigen Gehöft in Finja am nördlichen Finjasjön nahe Hässleholm mit Hilfe einer anonymen Spende von 50 000 Krona eingerichtet, und zwar nach den in Deutschland entwickelten Prinzipien und Ausbildungsprogrammen der Hachscharah. Unter der Bezeichnung *Hachscharah i Sverige, Kibbuz Svartingtorp* waren hier etwa 50 Jugendliche untergebracht, weitere bei einzelnen Bauern. Von August 1939 bis zur Schließung lebten hier beispielsweise die Brüder Otto und Manfred Schwarz aus Wiesbaden. Die Einrichtung musste aber 1940 aus ökonomischen Gründen geschlossen werden. (Thor Tureby; Varia). Doch zuvor kam es im März 1937 zu Unstimmigkeiten zwischen den Behörden und den Rabbinern in Göteborg, Malmö und Stockholm wegen der rituellen Schlachtung von Haustieren. (American Jewish Yearbook, Vol. 39, 1937/38)

Tjörnarp → Norrköping

Zionistisch orientierte Einrichtung für Jungen. Ab 1938 lebten dort etwa 20 Jugendliche im Alter von 14 bis 15 Jahren. Zur Vorbereitung und zur Sicherung des Lebensunterhalts verrichteten sie bei Bauern in der Umgebung harte körperliche Arbeit. Daneben wurden sie von erwachsenen Chaluzim betreut und konnten die Freizeit für Spiele usw. nutzen. Nach seiner Auflösung etwa 1940 verlegte man die Einrichtung nach Norrköping (vgl. Glück; Varia), die aber keine Bedeutung mehr als Jugen-Alijah-Haus besaß. Vielmehr fungierte sie jetzt als Hechaluz-Zentrum (Kibbuz Razon), wo z. B. im Frühjahr 1946 ein Treffen des schwedischen Hechaluz stattfand. Ebenso waren dort 1945/46 Holocaust-Überlebende untergebracht. (Yad Vashem: Digital Collections)

Tollarp = *Hemhult*

Etwa zehn Kilometer südwestlich von Kristinestad gelegene freikirchliche Einrichtung mit einem streng reglementierten Tagesablauf: Frühstück, Schwedischunterricht, Gebet, weitere Mahlzeiten, Zeit zum Briefeschreiben, Mitarbeit im Garten. Von hier sollten die Jugendlichen weiter in Privathaushalte vermittelt werden, wozu sonntägliche ›Besichtigungs‹aktionen dienten. Da diese eher erfolglos waren, brachte man ›übrig‹ gebliebene Jugendlichen bei Gewerbetreibenden und Bauern als Arbeitskräfte unter. (Pammer)

Tostarp = *Transito-flyktingläger*

Nordöstlich von Tollarp bzw. Kristianstad gelegen. Die Einrichtung wurde im Frühsommer 1939 vom freikirchlichen *Svenska Missionsförbundet* als Transitlager für Flüchtlinge eingerichtet mit stark religiös-christlicher Ausrichtung. Hier sollten zudem Jugendliche auf das Leben in ›judenchristlichen‹ Kolonien in Südamerika oder Afrika vorbereitet werden. Dafür bildete man sie in der Land- und Waldwirtschaft, in Haushalten und im Pflegebereich aus bzw. zog sie zu derartigen Arbeiten heran. Weitere berufliche Perspektiven fehlten. (Ebd.)

Uppsala = *Mosaiska pojkhemmet i Uppsala*

Die Einrichtung befand sich im ehemaligen, nach G. W. Gillberg so benannten Waisenhaus *Gillbergska barnhusinrättningen* im Haus Tullgarn 1c im südlichen Uppsala. Es wurde 1939 mit jüdischer und christlicher Hilfe als Heim für jüdische Flüchtlingsjungen unter dem Namen *Mosaiska församlingens barnhem i Uppsala* eingerichtet (aber auch unter dem Namen Tullgarnheim bekannt). Die Leitung oblag der aus Berlin stammenden Sophie Michaeli*, betrieben wurde es von der Mosaiska församlingen mit Hilfe privater und staatlicher Zuschüsse. Das villenähnliche Gebäude (→ Abb. 3) befand sich außerhalb des Zentrums am Fyris inmitten von Wiesen und Äckern und wirkte bereits etwas verwohnt. Auch die sanitären Anlagen waren (mit Plumpsklo und Kaltwasser) veraltet. Im Durchschnitt lebten dort 15 Jungen im Alter von etwa acht Jahren aufwärts, von denen fast alle die einige Kilometer entfernte Schule besuchten. Später kamen nach und nach mehr Betten hinzu. Insgesamt durchliefen mindestens 50 Jungen das Heim. Mit dem Ende der Schulpflicht, spätestens mit Erreichen des 17. Geburtstages musste das Heim verlassen

werden, was eine entsprechende Fluktuation zur Folge hatte, wie auch oben
von Klas Back erwähnt. 1946 verließ das letzte ›Heimkind‹ die Einrichtung.

Doch es exisierte noch bis 1947, da ab Ende 1944 auch Holocaust-
Überlebende aufgenommen wurden. Aufschlussreich ist die Tatsache, dass
nach Ausbruch des Krieges 1939 entlang der Stadtgrenze ein Stacheldraht-
zaun gezogen wurde, wobei das Heim außerhalb lag, also ausgegrenzt war.
Worauf Sophie Michaeli mit einem geharnischten Protest reagierte: Es gäbe
keine Kinderspione im Heim! Was aber auch bedeutete, dass die Jungen mit
dem Fahrrad weite Umwege fahren mussten und der Schulweg sich z. B. ver-
längerte.

9 *Sophie Michaeli (li) mit flyktingbarnen*
Klas Back: untere Reihe hockend, zweiter von links

Sophie Michaeli verstand es als Leiterin wunderbar, liebevoll die Kinder in
ihrem oft »bitteren Kummer« zu trösten. In ökonomischen Fragen stahd ihr
Harald Meynen zur Seite. Beide fanden immer wieder Wege, eine drohende
Kassenebbe zu bewältigen. Über ihre Erfahrungen berichtete sie beispiels-
weise in einem Vortrag 1941, veröffentlicht in der *Judisk tidskrift*. Dass dem
Heim eine besondere Atmosphäre innewohnte, zeigen die häufigen Besuche

vom in Stockholm lebenden Willy Brandt. Auch sein Parteigenosse Peter Blachstein gehörte zu den Gästen, der zudem mit den Kindern Theater spielte. (Aussage Jan Winter; Dünzelmann)

Nach dem Abriss des immer noch herrschaftlich aussehenden und inzwischen stark heruntergekommenen Gebäudes (2012?) wurde das Grundstück umgewidmet. Heute befindet sich dort der Tullgarnsparken mit einem Denkmal (Minnesplats) zur Erinnerung an die Judenverfolgung und die damals dort lebenden *flyktingbarnen* – genau an der Stelle, wo damals das Heim stand. Obwohl der dazugehörige Text einige Unwahrheiten enthält. Neben Klas Back und Harry Schein gehörten auch Hans Baruch, Gerhard Jacoby und Hans-Jochen Posner zu den Insassen. (Aussage Jan Winter;Varia)

Bewertung

Die durch äußerliche Gewalt erzwungene Trennung der betroffenen Kinder von ihrer Familie wirkte sich oft traumatisch aus: Sie fühlten sich von den Eltern verstoßen und sahen sie selten wieder. Aus später verfassten Berichten geht deutlich hervor, dass viele mit dieser Situation schwer zurecht kamen. Beispielhaft dafür ist die Reaktion des fünfjährigen Gady Parnass, der einige Jahre sprachgestört war. Vielfach entsprach die Unterbringung auch nicht den Erwartungen der Kinder. Dem setzten einige ein renitentes Verhalten entgegen und stellten in Briefen an die Eltern die Situation bewusst negativ dar. Da z. B. die Post von der SIM kontrolliert wurde, ging man den Erzählungen nach und zeigte teilweise auch Verständnis für das Heimweh der Kinder. Oft aber kam es zu Sanktionen und einmal zur Rückführung eines Dreizehnjährigen nach Wien. Andererseits lebten die Eltern in immerwährender Sorge um die Kinder, zumal wenn diese auf ihre häufigen Briefe seltener antworteten. Da die Schilderungen nicht immer positiv waren, sprachen die Eltern ihnen Mut zu mit der Bitte um Durchhalten bis zu einer erhofften Verbesserung der Situation.

Hinzu kam, dass ihnen in Schweden ein Höchstmaß an Anpassung und Assimilation abverlangt wurde. Sie vermissten die eigene, oft gehobenere Kultur, das obst- und gemüsereiche Essen, Musik und Tanz. In der schwedischen Gesellschaft nahmen sie die unterste Position ein, was den zumeist aus der Mittelschicht stammenden Kindern unverständlich war. Trotzdem erkannten viele, dass die Lebensbedingungen der schwedischen Unterschicht sehr hart waren, sie selbst dagegen privilegiert aufgewachsen waren. Tatsache war auch, dass Behörden und Gesellschaft die so genannten nicht-arischen *flyktingbarnen* diskriminierte, vor allem wegen ihres ›fremdartigen‹ Aussehens. Hingegen wurden 1944/45 die blonden finnischen Flüchtlingskinder bereitwillig zu Tausenden rezipiert. (Pammer)

Insofern gelang auch nicht allen ein erhoffter Aufstieg. Mädchen konnten oft keinen richtigen Beruf erlernen, sondern mussten als Hausmädchen arbeiten oder in der Fabrik (→ H. Josias). Hinzu kamen ethnizistisch motivierte Konflikte wie dem Anderssein, dem *othering*, und der Exklusion. Aber auch das Unverständnis vieler Schweden gegenüber ihrer Situation. Erst Anfang

1945 änderte sich dies. Dank der Reportagen, Berichte und Fotos erkannte man endlich, was wirklich in Nazi-Deutschland und in den von ihm besetzten Ländern geschehen war. Auch die Auswahlverfahren wirkten nach: im Herkunftsland die Taxierungen, im Aufnahmeland das Prozedere der Verteilung. Und diejenigen, die in ländliche Familien kamen, entfremdeten sich der bisherigen Kultur und oft auch dem Judentum. Zudem kam es infolge der Traumatisierung zu Erinnerungsblockaden, die sie das Gewesene, die hergebrachte Kultur vergessen ließen und dazu führte, dass real Geschehenes in ein Neukonstrukt umgedeutet wurde.

Maßgebliches Moment im Integrationsprozess war das Beziehungsgeflecht, in dem sich die *flyktingbarnen* bewegten. Wobei die gleiche konfessionelle Zugehörigkeit ein wichtiger Faktor war. Denn, wie Lomfors ermittelte, heirateten später 28 Prozent der Kinder PartnerInnen aus dem gleichen Umfeld. Von denjenigen, die in Schweden eine neue Heimat fanden, heirateten 44 Prozent jüdische PartnerInnen aus der schwedischen Gesellschaft. Weiter stellt sie fest, dass trotz der Widrigkeiten viele der Kinder aktiv ihr Leben in der neuen Heimat gestalteten: durch Bildung, berufliches Weiterkommen, familiäres und gesellschaftliches Engagement. (*barndom*) Insofern wurden sie Teil der schwedischen Mittelschicht, aus der sie ja auch selbst stammten und von der sie geprägt waren.

Für die in Schweden überlebenden Kinder und Jugendlichen stellte sich 1945 die Frage: Hier bleiben oder gehen? Der größte Teil musste nach 1945 damit fertig werden, dass ihre Eltern, Geschwister und andere Angehörige umgebracht worden waren, es also kein Wiedersehen gab. Nach Lomfors blieben 65 Prozent der Kinder im Aufnahmeland Schweden, 18 Prozent emigrierten in die USA und 13 Prozent nach Palästina bzw. nach 1949 nach Israel. Nur wenige wollten nach Deutschland oder Österreich repatriiert werden. Auch hielten nicht alle der Weitergewanderten Kontakt zum ersten Aufnahmeland Schweden. Erst mit zunehmendem Alter sahen sich viele mit der persönlich erlebten Negativerfahrung konfrontiert. Neben auftretenden Schuldgefühlen als Überlebende kam hinzu, dass Dankbarkeit gegenüber den Eltern als ihre eigentlichen Lebensretter nicht empfunden werden konnte. (Ebd.)

Doch kann konstatiert werden, dass die erlebten Fluchterfahrungen trotz allem ein Ansporn zum sozialen Erfolg und kreativer Lebensgestaltung waren. Das nicht nur der Fähigkeit zur Resilienz geschuldet. Insbesondere kann, analog zu Hannah Arendt (*Vita activa oder vom tätigen Leben*), das tätige Leben der betroffenen Kinder und Jugendlichen in Hinblick auf einen Neuanfang als »Faktum der Natalität« definiert werden. Die oft sehr jungen Kinder wurden abrupt aus einem Geborgenheit gebenden familialen Umfeld in ein fremdes Habitat verpflanzt. Ältere von 14 bis 17 Jahren mussten sich an ein von körperlicher Arbeit bestimmtes Leben gewöhnen. Für alle galt, eigenständig zukunftsweisende Entscheidungen zu treffen. Wie diese Herausforderung singulär bewältigt wurde, zeigen die einzelnen Biografien. Auch hier gilt das von Hanna Arendt dargelegte Prinzip des *Vita activa,* der drei Grundtätigkeiten Arbeiten, Herstellen und Handeln – trotz der Verlusterfahrungen, denen die jungen Akteure ausgesetzt waren.

Letztendlich stellt sich noch die Frage, welches Narrativ die organisierten Kindertransporte bestimmte: Rettung der Kinder und Jugendlichen per se oder die Alijah nach Palästina. Laut Thor Tureby war primäres Ziel nicht die Rettung, sondern die Rekrutierung zur Alijah bereiter Jugendlicher inklusive der Vorbereitung auf ein Pionierleben in Palästina. Tatsächlich stand anfangs, also 1932, die Kinder/Jugend-Alijah im Fokus. Erst mit der zunehmenden Bedrohung und dann vor allem nach dem Pogrom am 9. November 1938 wurde mit den Kindertransporten die Rettung bestimmend. Andererseits bestimmte auch das Alter, ob Rettung oder Hachscharah: Erst Jugendliche von 14 bis 17 Jahren waren für die Hachscharah vorgesehen. Nicht vergessen werden darf, dass auch Eva Warburg vor allem als überzeugte Zionistin agierte.

Exkurs

**Flyktingbarnen:
von Dänemark, Norwegen und Finnland nach Schweden**

I

Vor allem nach der Pogromnacht 1938 setzte eine starke Fluchtbewegung deutscher Juden nach **Dänemark** ein, es folgten Österreicher sowie Tschechoslowaken und Polen nach Ausbruch des Zweiten Weltkriegs. Mit der deutschen Besetzung Dänemarks und der Verfolgung der dort lebenden Juden bildete sich ein breites informelles Bündnis der Solidarität gegenüber den Verfolgten. Der allergrößte Teil der zur Deportation vorgesehenen Juden konnte gerettet werden, insgesamt 7742, darunter 1376 Nicht-Dänen. Die meisten flüchteten mit direkter Hilfe durch Fischer und Seeleute sowie indirekter durch Sabotageakte der dänischen Marine über den Öresund, das Kattegat und die Insel Bornholm nach Schweden. Wichtigste Fluchtroute war die von Gilleleje auf Seeland hinüber zum schwedischen Höganäs.

Zu der in Dänemark nach der Pogromnacht 1938 von Melanie Oppenhejm mitaufgebauten Hechaluz-Bewegung gehörten insgesamt über 500 aus Deutschland, Österreich und ČSR geflüchtete Jugendliche zwischen 14 und 17 Jahren. Darunter befanden sich etwa 300 Kinder, die so genannten *Aliyahbørn*. Für ihre Betreuung war das *Komiteen for de Jødiske Landvaesenselever* in Kopenhagen zuständig. Ihre Flucht führte sie von Berlin aus mit dem Zug nach Warnemünde, dann mit der Fähre nach Gedser und weiter mit dem Zug nach Odense auf Fünen. Von hier wurden sie nach kurzem Aufenthalt in der dortigen Jugendherberge auf nicht so weit voneinander entfernte Bauernhöfe verteilt, um ihnen bessere Kontaktmöglichkeiten untereinander zu verschaffen. In einer zentralen Einrichtung wurde ein wöchentlich stattfindender Treffpunkt eingerichtet, wo sie in Hebräisch, Geschichte und allgemeiner Bildung unterrichtet wurden. Andere Praktikanten waren bei Fischern untergebracht. Hinzu kamen zwei orthodoxe Gruppen, die jeweils in einem Heim lebten und außerhalb desselben arbeiteten.

Es war vorgesehen, dass die Jugendlichen nach einem Jahr Praktikum und Schulung nach Palästina emigrieren sollten. Das verhinderte allerdings der Zweite Weltkrieg. Doch konnten im März 1941 noch 42 Hechaluz-Jugendliche über Schweden, Finnland, die UdSSR, Türkei und Syrien nach Palästina entkommen. In Schweden schloss sich in Stockholm eine Gruppe weiterer Jugendlicher an. Zurück blieben in Dänemark 303 Hechaluz-Jugendliche und 184 *Aliyabørn*. Von diesen wurden 28 und 38 je Gruppe von den Deutschen verhaftet. (Vgl. Jørgen Hæstrup, *Jødisk ungdom på træk...* Odense University Press 1982) Mit Hilfe von Eva Warburg und dem Hechaluz-Sekretariat in Hässleholm konnten laut Glück 75 Jugendliche zum Teil in Hälsinggården unterkommen, zum Teil in einem Camp bei Norrköping. (*Hachscharah*) Beispielhaft soll hier der Lebensweg eines der *Aliyahbørn* kurz nachgezeichnet werden:

Berthold Rindsberg / Baruch Ron, (*1924–Δ2015)
Er stammte aus Adelsdorf bei Bamberg und reiste im Oktober 1939 mit einem Alijah-Transport über Warnemünde nach Dänemark. Von Gedser ging es weiter bis Odense wie oben beschrieben. Er selbst wurde von einer Arztfamilie sehr freundlich aufgenommen. In Dänemark lernte er, mit dem Blick in die weite, ebene Lanschaft ebenso weit und offen zu denken. Nach der deutschen Besetzung wurde die Situation sehr problematisch. Bis 1943 lebte er in verschiedenen Verstecken und konnte dann nach Schweden flüchten, wie auch die oben genannten Hans Kaufmann und Hans Moos (→ Kibbuz BaDerech). Er lebte ebenfalls im Faluner Kibbuz und arbeitete in der Landwirtschaft. Doch ging er bald nach Uppsala. 1945 verließ er Schweden und ging nach Dänemark, kam dann aber wieder zurück nach Schweden.

Rtwa zwei Jahre später versuchte er, per Schiff illegal in Palästina einzureisen (→ dazu vgl. T. Kurzbarth-Pollin), doch verhinderten die Briten eine Landung in Haifa. Nach kurzer Internierungt auf Zypern konnte er dann 1948 endlich in Palästina einreisen. Zunächst lebte er im Kibbuz Gal'ed nahe Megiddo und nannte sich nunmehr Baruch Ron. Einige Zeit später wechselte er nach Galiläa und gründete eine Familie. (mesusa.de/pdf) 2010 ist von ihm die Autobiografie *Der Tag, an dem meine Schoah begann* erschienen.

Bis 1943 blieben die in Dänemark lebenden Juden von Deportationen verschont. Trotz der judenfreundlichen Haltung in der dänischen Bevölkerung verschärfte sich die Situation, so dass noch vor den Deportationen im Oktober

1943 ein großer Teil nach Schweden flüchten konnte. Diese Deportationen waren auf den 30.9./1.10. festgesetzt worden, dem jüdischen Neujahrsfest Rosh-ha-Schana. Doch konnte die jüdische Bevölkerung rechtzeitig gewarnt werden und ein großer Teil sich in Sicherheit bringen. Tatsächlich wurden am 1./2. Oktober 1943 lediglich einige Hundert Juden vor allem nach Theresienstadt deportiert, sehr zum Ärger Adolf Eichmanns. (Dansk Jødisk Museum; Varia)

II

Nach der Loslösung **Norwegens** von Dänemark 1814 wurde die Quote jüdischer Immigranten sehr niedrig gehalten. Auch nach 1933 betrieb Norwegen nur eine widerwillige Rezeption jüdischer Fluchtmigranten. Um 1940 lebten hier etwa 2200 Juden, darunter befanden sich an die 300 Geflüchtete. Die meisten erhielten eine begrenzte Aufenthaltserlaubnis für eine Weiterreise in ein Drittland, wobei sie nicht dem Staat zur Last fallen durften. Unterstützung erhielten sie durch die Nansen-Hilfe* und den Jüdischen Hilfsverein in Oslo. Tatsächlich war Norwegen das Land in Europa, was am wenigsten zur Rettung der Juden getan hat. Doch stand diesem judenfeindlichen Verhalten einer bestimmten Schicht sehr viel Hilfsbereitschaft in der Bevölkerung gegenüber.

Nach der deutschen Besetzung war 1941 die Zahl der Juden auf 1300 gesunken, vor allem bedingt durch eine breite Fluchtbewegung über die grüne Grenze nach Schweden. Insgesamt konnten über die Hälfte der in Norwegen registrierten Juden nach Schweden entkommen. Als Folge der Wannseekonferenz im Januar 1942 war für Norwegen geplant, alle registrierten Juden zu deportieren. Der erste Transport mit 532 männlichen Juden ab 14/15 Jahren verließ Oslo am 26. November 1942 mit der *Donau* in Richtung Stettin. Von dort ging der Transport mit dem Zug nach Auschwitz. Am 25. Februar 1943 erfolgte die nächste Deportation auf der *Gotenland* mit 158 jüdischen Frauen und Kindern. Ab Stettin ging es diesmal erst nach Berlin, von dort mit einem größeren Transport nach Auschwitz. (Brundland) Laut Darstellung von Yad Vashem wurden 1942 in Norwegen 763 Juden deportiert, während 900 bis 1000 nach Schweden fliehen konnten. Wenige entkamen nach Großbritannien oder konnten in einem Versteck überleben. Hilfe wurde der bedrohten jüdischen Minderheit durch Widerstandsgruppen und Einzelpersonen zuteil. Zu diesen gehörte Hans Christen Mamen, der 25 jüdische Kinder nach Schweden in Sicherheit brachte. Dafür ehrte ihn Yad Vashem mit einem Gedenk-Baum. (Varia)

Ab März 1938 nahm Norwegen mehrfach jüdische Kinder und Jugendliche aus Österreich und der ČSR auf. Aber nicht im Rahmen der Jugend-Alijah bzw. des Hechaluz, sondern u. a. mit Hilfe des nahezu zeitgleich gegründeten *Komitees der Wiener Kinder.* So konnten im Juni 1938 aus Österreich 22 jüdische Kinder nach Norwegen zur Sommerfrische kommen. Diese *Wienerbarna* genannten Kinder waren zwischen 10 und 13 Jahre alt und wurden zunächst in einem Ferienheim der Jüdischen Jugendvereinigung Norwegens in Baerum bei Oslo untergebracht, später in Pflegefamilien. Bei Ausbruch des Zweiten Weltkriegs holten die Eltern von vier Kindern diese zurück, keines von ihnen überlebte den Holocaust. Drei Kinder konnten nach Australien und in die USA emigrieren, eines blieb bei den jüdischen Pflegeeltern und wurde später deportiert. (Levin)

Die restlichen Kinder, sechs Jungen und zwei Mädchen, die in einem Heim der Jüdischen Gemeinde in der Osloer Industrigate 34 (oder Holbergsgate 21) lebten und von Nina Hasvold betreut wurden, brachte man am 26. November 1942 in einer Privatwohnung unter und nach und nach in großer Heimlichkeit in einer anderen. Darin unterstützt von der Quäkerin und Friedensaktivistin Myrtle Wright (1903-1991), die ihre Zeit in Norwegen 1974 unter dem Titel *Norwegian Diary, 1940–1945* veröffentlichte. Dank der umfassenden Betreuung vor allem durch Tove Filseth, der Repräsentantin der Nansen-Hilfe, waren die Kinder in der Lage, zu ihr und Nina H. eine für das Überleben notwendige Beziehung aufzubauen und ihr zu vertrauen. (Ebd.; ha.Galil.com)

Von diesem Versteck aus wurde der Grenzübergang nach Schweden organisiert. Da eines der Kinder in Oslo bleiben wollte, wurden nur noch 13 Kinder mit einem Lastwagen in die Nähe der Grenze gebracht und dann zu Fuß weiter nach Schweden. In einem schwedischen Militärlager versorgte man sie mit Keksen und Kakao und ließ sie in einem Krankenhaus untersuchen. Danach brachte man sie in Alingsås[9] nicht weit von Göteborg auf dem als Turmhaus erbauten Engabo/Ängabo Herrgård nahe der Sjuhäradsgatan unter, wo sie bis Kriegsende blieben. Alle 13 Kinder kehrten nach Kriegsende wieder nach Norwegen zurück und emigrierten von dort in andere Länder, zum Teil mit den wiedergefundenen Eltern. (Levin)

Kurz vor Kriegsbeginn 1939 konnten weitere 37 jüdische Kinder aus der ČSR in Norwegen mit Unterstützung der Nansen-Hilfe einreisen. In Wien sammelten sich 13 Kinder aus Bratislava und 24 aus Prag, um von hier mit dem Zug nach Skandinavien auf der üblichen Route Berlin→Saßnitz→Trelleborg und im Transit durch Schweden nach Oslo zu reisen. Der größte Teil blieb in Oslo und wurde in einem Heim der Jüdischen Gemeinde (siehe oben) und bei Pflegeeltern untergebracht, neun kamen nach Bergen in Westnorwegen und ein Kind nach Trondheim. Nach der deutschen Besetzung 1940 mussten 18 Flüchtlingskinder auf Wunsch der Pflegeeltern wieder zurückkehren – keines dieser Kinder überlebte. (Schoppmann)

Im Oktober 1942 wurden acht Kinder aus dieser Gruppe in Oslo im selben Heim einquartiert, zwei Monate später gelang es den norwegischen Betreuern, sie nach Schweden zu bringen. Dort wurden sie ebenfalls im Herrgård Engabo untergebracht.Zu diesen Kindern gehörte auch Ilse Mautner-Wetter (1933–2004). Der Vater Felix Mautner, ein Arzt aus Prag, hatte sie und den Bruder Thomas noch nach Norwegen begleitet, wurde dann aber als Gefangener zurückgebracht. (Ebd.; VEJ) Sein Leben endete im KZ Buchenwald Anfang 1945. Ilse M. blieb in Schweden, heiratete später Jan Wetter und lebte zuletzt in Stockholm. (Ebd.; Varia) Berthold G. hingegen kehrte 1946 nach Norwegen zurück, wie aus seiner Biografie hervorgeht:

Berthold Grünfeld, *1932–Δ2007

Er stammte aus Bratislava, wo er seit seiner frühen Kindheit in einem Waisenhaus lebte und später in einer Pflegefamilie. Wie er später herausfand, war seine jüdische Mutter Prostituierte und wurde im Lager Sobibor umgebracht. Im Oktober 1939 reiste er mit 12 anderen Kindern nach Wien, weiter ging die Reise mit der Gruppe aus Prag nach Oslo. Er kam dann zu einer Pflegefamilie in Trondheim, wurde aber aus Sicherheitsgründen nach der deutschen Besetzung 1940 nach Oslo in das oben genannte jüdische Kinderheim gebracht. Mit den anderen Kindern flüchtete er Ende 1942 nach Schweden, wo er ebenfalls auf Engabo in Alingsås bis 1946 lebte. BG kehrte nach Norwegen zurück, studierte Medizin und machte sich als Professor für Sozialmedizin einen Namen, ebenso als Psychiater. Zusammen mit seiner norwegischen Ehefrau bekam er drei Kinder. Seine Tochter Nina Grünfeld ging dem Leben ihres Vaters nach und stellte es filmisch dar. (*Dagbladet,* 14.3.2017)

III

Finnland kämpfte zwar im Zweiten Weltkrieg zusammen mit Deutschland gegen die Sowjetunion, galt aber den dort lebenden Juden noch als sicheres Land. Das änderte sich Anfang 1944 wegen der zunehmend unsicheren Situation. Daher nahm die *Helsingfors Judiska Församlingen* Kontakt zur Jüdischen Gemeinde in Stockholm auf, um über die Evakuierung jüdischer Kinder aus Finnland in das sichere Schweden zu verhandeln. Mit Hilfe der JOINT konnten dann 91 (oder 100?) Kinder nach Schweden reisen: von Turku mit dem Schiff nach Stockholm oder per Flugzeug. Der erste Transport startete am 8. März 1944 mit 23 Kindern und einer Begleitperson. Bis zum September erhöhte sich die Zahl auf 91 *flyktingbarnen.*

Von Stockholm aus wurden sie auf verschiedene Einrichtungen verteilt. 57 konnten privat untergebracht werden, 23 lebten in einem Gästehaus in Hallstavik, sechs im Kibbuz BaDerech in Falun, einige auch auf Engabo Herrgård in Alingsås. Eine Gruppe wurde vom ehemaligen Arbeitslager in Källeryd in Västergötland aufgenommen. Transport und Unterbringung organisierte das Hjälpskommittén der Jüdischen Gemeinde Stockholm ohne staatliche Unterstützung und Inanspruchnahme. Nach dem Waffenstillstand zwischen Finnland und der Sowjetunion im September 1944 kehrten die Kinder wieder nach Finnland zurück. Mit gemischten Gefühlen gegenüber dem Aufnahmeland Schweden. Einigen wurde sehr freundlich begegnet, anderen abweisend. Um die Aufarbeitung dieses Geschehens hat sich besonders Kai Rosnell verdient gemacht. (*Finska Krigsbarn*, 1,2014; sotalepset.fi, 1, 2014; s.a. Artikel von Daniel Weintraub, Finnische Universität Helsinki, Januar 1997)

Anhang

Die Familie von Eva Warburg

Die Eltern

*Anna Beata Warburg, *1881 – Δ1967*

Sie war die dritte von vier Töchtern der Eheleute Siegfried S. Warburg und Ellen L. Josephoson. Siegfried W. war in Hamburg geboren und ging nach Stockholm, wo er als Bankier tätig war. Die Familie lebte in bescheidenen Verhältnissen und lehnte den aufwändigeren Lebensstil der Hamburger Verwandten eher ab, wie Anna W. später einmal betonte. 1896 nahm ihr Onkel Aby W. sie nach einem Besuch in Stockholm mit nach Hamburg als Erzieherin für seine drei Kinder. Daneben ließ sie sich am Fröbel-Seminar als Kindergärtnerin ausbilden, was seinerzeit in Schweden noch nicht möglich war. Nach Beendigung ihrer Ausbildung kehrte sie nach Stockholm zurück und versuchte, in einer von Diakonissen geleiteten Kinderbewahranstalt die in Deutschland erlernte Fröbelsche Methode anzuwenden. Keine leichte Aufgabe. AW ging dann nach Berlin und ließ sich im dortigen Pestalozzi-Fröbel-Haus weiterbilden. Danach lebte sie wieder in Hamburg und heiratete 1908 ihren Cousin zweiten Grades Fritz W., in der Familie ›das Walross‹ genannt. Damit wurde die in bescheidenen Verhältnissen aufgewachsene und an ein tätiges Leben gewöhnte Anna Teil einer an Reichtum und einem aufwändigen Lebensstil angepassten Familie. In der sie sich als Fremdkörper empfand.

Trotz ihrer familiären Verpflichtungen begann 1909 ihr langjähriges Engagement im pädagogischen Segment. So z. B. mit der Ausbildung von Kindergärtnerinnen am Hamburger Fröbel-Haus. Während eines mehrjährigen Aufenthalts in Stockholm gründete sie dort die Fröbel-Gesellschaft zur Förderung fortschrittlicher Kindergartenarbeit. In Hamburg musste sie 1935 aus rassistischen Gründen ihr Vorstandsamt niederlegen. Daraufhin richtete sie einen eigenen Kindergarten ein. 1939 verließ sie mit ihrem aus der Haft entlassenen Mann endgültig Deutschland und arbeitete in Stockholm wieder als Kindergärtnerin. Nach 1945 kehrten Anna und Fritz auf ihren Wunsch hin nicht nach Hamburg zurück.

Im Archiv der KB Stockholm (Signatur Acc2209_47) befinden sich Schriftstücke, Manuskripte, Biografisches u. a. m. Hamburg ehrte die engagierte Pädagogin Anna W. vor allem damit, dass die Berufliche Schule für Sozialpädagogik in Hamburg-Niendorf nach ihr benannt wurde. (Chernow; SWA; Varia)

*Fritz Warburg, *1879 – Δ1964*

Fritz W. war promovierter Jurist und Teilhaber und Personalchef der Hamburger Warburg-Bank. Von 1915 bis 1920 lebte er mit seiner jetzt vierköpfigen Familie in Stockholm und war dort geschäftlich tätig.[10] Dann lebten sie wieder in Hamburg, und zwar ab 1921 am Mittelweg, später auch im Weißen Haus auf dem Kösterberg. Sowohl er als auch Anna wandten sich stärker dem Judentum und seinen Traditionen zu. So unterrichtete ein extra eingestellter Lehrer die Töchter in Hebräisch und in jüdischer Geschichte. 1933 wurde er Vorsteher der Jüdischen Gemeinde in Hamburg, in der er sich sozial sehr engagierte, ebenso auch im Israelitischen Krankenhaus. Doch daneben soll er sich eher leichtlebig verhalten haben mit eher anrüchigen Frauengeschichten. Auf jeden Fall war sein Leben auffälliger als das seiner Zwillingsschwester Louise.

Zusammen mit Anna emigrierte er im Mai 1938 nach Stockholm, wo sie sich eine Wohnung am Strandvägen 41/II zulegten. Im September reiste Fritz kurz nach Hamburg, wo er wegen der Schließung des Israelitischen Krankenhauses einiges regeln wollte. Beim Rückflug im November wurde er verhaftet, der Pass eingezogen und er selbst ins Gefängnis nach Fuhlsbüttel gebracht. Er konnte sich dann allerdings freikaufen, indem er die notwendige Summe für die Auswanderung von 1000 armen Juden nach Schweden zur Verfügungstellte. Nach der Freilassung im Mai 1939 erhielt er seinen Pass wieder und kehrte mit Anna am 10. nach Schweden zurück und nahm die schwedische Staatsbürgerschaft an. Laut Glück war auch FW in bestimmte Aktivitäten der Hachscharah eingebunden, so durch Untertützung der nach Birobidjan in der UdSSR emigrierten Juden.

Nach dem Tod des ältesten Bruders Max 1946 war nunmehr Fritz der ›große Bruder‹, der es aber vorzog, in Stockholm ein Leben in gemächlicher Gangart zu führen. Er und Anna unternahmen viele Reisen und trafen sich mit Ingrid und ihrer Familie. Einmal jährlich wurden Eva und Noni in Israel besucht. 1957 erlitt Fritz einen Schlaganfall mit teilweiser Lähmung. Das bewog ihn und Anna, den Lebensabend in einem Kibbuz in Israel in der Nähe der Töchter Eva und Noni zu verbringen – entgegen ihrer ursprünglichen Absicht. Im Kibbuz Nezer Sereni nahe Rehovot, in dem auch Eva mit ihrer Familie lebte, fanden Anna und Fritz eine Alters-Heimat. Anlässlich seines Todes erschienen zahlreiche Nachrufe in deutschen Zeitungen, in Schweden u. a. in *Dagens Nyheter* und *Svenska Dagbladet.* (Chernow; SWA; Varia)

Die Geschwister

*Ingrid Franziska Warburg-Spinelli *1910–Δ2000*
Einen Teil ihrer Schulzeit verbrachte sie in Salem und studierte zunächst in Heidelberg Literatur und Philosophie. 1932 hielt sie sich in Oxford auf, 1933 erweiterte sie ihre Studien in Hamburg mit den Fächern Germanistik und Anglistik. 1935 wurde sie promoviert. Ein Jahr später reiste sie nach New York zu ihrem Onkel Felix, der bereits 1894 in die USA ausgewandert war. Nach seinem Tod kehrte sie kurz nach Hamburg zurück, nahm in Zürich am 16. Zionistenkongress teil und ging wieder in die USA. In diesen Jahren kam sie mit vielen Persönlichkeiten in Kontakt, so z. B. mit Isaiah Berlin, Chaim Weizmann und Adam von Trott zu Solz. Letzterem war sie sehr zugetan, trennte sich aber von ihm. Ingrid engagierte sich u. a. im Hechaluz und bezog überhaupt linkspolitische Standpunkte. Was ihr den Ruf einer ›linken Flüchtlingsaktivistin‹ eintrug. Zudem stand sie in Verbindung mit der Widerstandsgruppe *Neu Beginnen.* Auf ihre Initiative hin erhielt Trott zu Solz Kontakt mit deren Mitgliedern. Im Gegensatz zu vielen anderen wusste sie von seinen Aktivitäten im Widerstand gegen Hitler und sah ihn entsprechend positiv.

Darüber hinaus unterstützte Ingrid viele jüdische Hilfsorganisationen und war z. B. 1939 in den USA unterwegs auf Vortragsreise. Nach einem kurzen Besuch der Eltern in Stockholm reiste sie nach Polen und kehrte zurück in die USA. Mit ihrem Engagement konnte sie u. a. 2000 Personen aus Frankreich retten. In ihrer Wohnung in New York kam es um 1940 zur Gründung des *Emergency Rescue Committee (ERC),* in dem sie aktiv mitarbeitete und auch Veniero Spinelli (1909-1969) kennenlernte. In Italien war er ein bekannter Antifaschist gewesen, der z. B. als Kampfflieger am Spanischen Bürgerkrieg teilgenommen und auch zur Fremdenlegion gehört hatte. Beide heirateten 1941 und wohnten bis 1945 in New York. Für Ingrid soll er der richtige Mann gewesen sein, um sie aus ihrem großbürgerlichen Milieu zu lösen.

1945 besuchte sie mit den beiden ältesten Kindern für einige Monate Eltern und Schwestern in Stockholm und reiste dann nach Rom zu ihrem inzwischen dort angekommenen Mann. Das Paar bekam weitere drei Kinder, alle wuchsen auf Wunsch des Vaters im katholischen Glauben auf. In Rom lebten sie in einem Arbeiterviertel in wohl eher bescheidenen Verhältnissen.

Ingrid war weiterhin viel auf Reisen und in politischen Bewegungen aktiv. Während ihrer Besuche im Nachkriegsdeutschland stellte sie fest, dass sie selbst nicht mehr dorthin gehörte. 1990 veröffentlichte sie die Autobiografie *Die Dringlichkeit des Mitleids und die Einsamkeit des Neinsagens*. Bis zu ihrem Tod lebte sie in Rom. (Chernow; SWA; Varia)

*Charlotte Esther Shalmon Smulowicz, *1922*

Die jüngste Tochter wurde formell nach der väterlichen Großmutter benannt, wurde aber Noni gerufen. Wegen der sie sehr ängstigenden Angriffe der Nazis auf Juden schickten die Eltern sie 1935 nach Holland zur Quäker-Schule Eerde bei Ommen. Dort soll sie auch eine Ausbildung zur Kindergärtnerin erhalten haben. Um 1939 kam sie ebenfalls nach Stockholm und arbeitete in einem von Quäkern betriebenen Kindergarten. In dieser Zeit lernte sie Willy Smulowicz kennen. Beide heirateten im Juli 1945 und emigrierten 1949 in den neu gegründeten Staat Israel. Sie selbst nannte sich nunmehr offiziell Esther Shalmon. Vor Nonis Abreise übergab ihr der Vater eine von ihm verfasste handschriftliche Sammlung lebensweisheitlicher Ratschläge. Das Paar wurde im neu gegründeten Kibbuz Hevrona ansässig und bekam zwei Söhne. Wobei ihr die Anpassung an das Kibbuzleben nicht leichtgefallen ist. Doch hat Noni diese neue und sich immer wieder verändernde Heimat, jetzt unter dem Namen Omer bekannt, bis heute nicht verlassen. (Chernow; SWA; Varia)

*Willy Ze'ev Shalmon Smulowicz, *1910 – Δ1985*

In Witten aufgewachsen, wo er 1932 sein Abitur ablegte. Von 1937 bis 1938 war er im so genannten Kibbuz Ahrensdorf bei Trebbin auf Hachscharah, um sich auf die Emigration nach Palästina vorzubereiten. 1938 ging er zunächst nach Südschweden, wo er zur Leitung des Hechaluz in Hässleholm gehörte. Ebenso nahm er 1943 als ihr Vertreter an Beratungen der Kleinen Internationale* teil. In dieser Zeit lernte er Noni W. kennen, sie heirateten im Juli 1945 in Stockholm. Beide verließen 1949 Schweden und emigrierten in den neu gegründeten Staat Israel. Dort halfen sie mit, den im gleichen Jahr von ehemaligen Palmach-Angehörigen gegründeten Kibbuz Hevrona bei Beer' Sheva aufzubauen. Wohl zu diesem Zeitpunkt nahm WS seinen hebräischen Namen an. Zuletzt war er in Beer'Sheva als Fremdenführer tätig. In genealogischen Darstellungen wird er auch als Seco Willy Shalmon Shmulevitz geführt. (Varia)

Genealogische Daten

Stockholm

<u>Siegfried Samuel Warburg (aus Hamburg) ∞ Ellen Lea Josephoson</u>

▼

♦Anna Beata mit drei Schwestern

Hamburg

Moritz Warburg ∞ Charlotte Esther Oppenheim
<u>   1838 – 1910   1842 – 1921   </u>

▼   ▼ ▼   ▼   ▼   ▼   ▼ + ▼

Mary Anne Aby Max Paul Felix Olga   Fritz Louisa Derenberg
1865▪ 1866-1929/1867-1946/1868-1932/ 1871-1937 1872-1895/1879-1973

▼

▼

♦Anna B. Warburg ∞ Fritz M. Warburg
<u>   1881– 1967   1879 – 1964   </u>

▼   ▼   ▼

Ingrid Spinelli Eva Unger Ch. Esther Smulowicz: Noni
1910-2000   1912-2016   1922

[1] Die beiden hier genannten Cousinen Lola (1901-1989) und Gisela (1912-1991), Töchter von Max M. Warburg, engagierten sich tatkräftig in der jüdischen Wohlfahrtsarbeit, vor allem in der Jugend-Alijah. Daher wurden sie intensiv von der Gestapo überwacht. – Lola emigrierte mit ihrem Mann Rudolf und den Kindern im September 1938 nach London. Sie war anfangs noch eine überzeugte Zionistin, beurteilte den Zionismus später aber kritisch. – Auch ihre Schwester Gisela war Zionistin, emigrierte aber ebenfalls nicht nach Palästina. Sie ging in die USA und heiratete dort 1943 den späteren Bundesrichter Charles Wyzanski jr. – Eine weitere Cousine und Schwester von Lola und Gisela war Anita Warburg-Wolf (1908-2008). Sie emigrierte 1935 nach London und heiratete 1940 Max Wolf, Mitarbeiter beim *Manchester Guardian.* Auch Anita engagierte sich in der Flüchtlingsarbeit, u. a. beim *Jewish Refugee Committee* Nach 1945 war sie für den Suchdienst des Britischen Roten Kreuzes tätig. 1950 ging sie nach der Scheidung von MW in die USA und lebte bis zu ihrem Tod in Manhattan. (Chernow; Varia)

[2] Eerde war ein Landgut in der Provinz Overijssel. In Zusammenarbeit mit dem Besitzer van Pallandt richteten hier deutsche Quäker 1933 die Internationale Quäkerschule Eerde ein. Entsprechend ihrer ethisch-religiösen Vorstellungen und angelehnt an die Odenwald-Schul-Pädagogik sollten Kinder aufgenommen werden, die in Nazi-Deutschland kaum noch Chancen hatten. Der Schule angeschlossen war im Sommer ein Ferienlager, in dem z. B. 1934 die von EW geleitete Hortgruppe zu Gast war. Nach Ausbruch des Zweiten Weltkriegs bestand die Internatsschule zwar noch weiter, aber mit deutlich reduzierter Schülerzahl. Als Lehrer tätig war hier von April 1934 bis zu seinem Untertauchen 1940 Max A. Warburg (1902-1974), Sohn von Aby W. und Cousin von Eva Warburg. Ebenso seine Frau Josepha (Josie) Spiero als Hausmutter. (Feidel-Mertz)

[3] Frank Meisler wurde 1929 in Danzig geboren und ist im August 1939 mit einem Kindertransport nach Großbritannien gekommen. Von Danzig aus ging es in einem von SS-Leuten bewachten Viehwaggon nach Berlin-Friedrichstraße, von dort mit einem regulären Zug nach Holland und weiter mit dem Schiff nach Harwich und dann erneut mit dem Zug nach London/Liverpool Street Station. In GB lebte er bei einer Großmutter und erhielt hier seine künstlerische Ausbildung. 1960 emigrierte er nach Israel, wo er aktuell in Jaffa lebt.

[4] Vieles in unklar in ihrem Leben. Teilweise stimmen die Daten nicht, so z. B das ihres Geburtsjahrs. Wodurch es zu Verschiebungen in der biografischen

Darstellung kommt. Wikipedia gibt als Geburtsjahr 1934 an, was aber das ihres sieben Jahre jüngeren Bruders ist. (Varia) In JWA wird 1927 genannt, was realistischer ist - sonst wäre sie als Fünfjährige allein nach Stockholm gekommen und der Bruder noch nicht geboren gewesen, da sieben Jahre jünger.

[5] Leider habe ich auf meine Anfrage betr. des Urheberrechts von der SVT keine Antwort erhalten, werte das aber als Zustimmung für die Wiedergabe. Ich hoffe, es geht so in Ordnung und danke hiermit dafür, auch den privaten Besitzern. Anne E Dünzelmann.

[6] Von den 50 Jugendlichen gehörten 20 zur Jugendgruppe *Makkabi Hazair*, die anderen zur *Habonim*. (Glück)

[7] Außerdem stand Hans Kaufmann 2008/2009 in Briefkontakt mit Eva Warburg betr. des Schicksals seiner Familie. Im Archiv von Yad Vashem befinden sich in den Digital Collections Briefe und ein Tagebuch.

[8] Möglicherweise handelt es sich um das im 18. Jahrhundert erbaute Schloss *Christinehofs* in Andrarum im südöstlichen Skåne, benannt nach der Unternehmerin Christina Piper.

[9] Merkwürdig ist, dass der Schriftsteller Peter Weiss nie die sich in Alingsås, seinem ersten schwedischen Wohnort, aufhaltenden Flüchtlingskinder und andere Flüchtlinge aus Norwegen erwähnt hat.

[10] Vielleicht aber auch als Finanzattaché der Deutschen Gesandtschaft. Zudem hat er sich um 1917 einige Monate in Russland aufgehalten und soll finanziell in die Revolution eingegriffen haben, was von Verschwörungstheoretikern thematisiert wurde und wird. – Wohl aus Gehässigkeit wurde seinerzeit in der Presse auch eine Nähe zum Rotlichtmilieu kolportiert, was Eva Warburg später strikt dementierte. (Chernow; Varia) – Leider wurde mir vom SWA und der Familie kein Foto betr. EW zur Verfügung gestellt, andere Institutionen habe ich aus bestimmten Gründen ausgeklammert.

[11] Die Staatliche Ausländerkommission wurde später von *Invandrarverket* abgelöst und sammelte alles in Zusammenhang mit Immigrationsfragen Stehende. Im *Centraldossieer* liegen alle einschlägigen Akten zu diesem Personenkreis und waren bis über 1970 hinaus noch gesperrt.

Glossar

Alijah

= Aufstieg. Hier ist einmal die fünfte jüdisch-zionistische Einwanderung in das damalige Palästina unter britischem Mandat zwischen 1933 und 1939 gemeint. Sie wurde in Berlin im Januar 1933 von der Lehrerin Recha Freier,

Ehefrau eines Rabbiners, gegründet. Auch Hanna Arendt war im Pariser Exil für die Alijah tätig. Zur Vorbereitung auf das Leben in Palästina wurden Hachscharah-Kurse eingerichtet. Teil dieser Bewegung war die Hechaluz. Die Kurse in entsprechenden Einrichtungen fanden nach 1933 in Deutschland großen Zulauf. 1941 kam es durch die Nazis zur Auflösung der Einrichtungen bzw. zur Umwandlung in Zwangs-Arbeitslager für jüdische Jugendliche. Doch existierten weitere in den Aufnahmeländern Großbritannien und Schweden. In Stockholm wurde z. B. 1943/44 mit Hilfe von Gert Löllbach ein so genanntes Palästina-Büro der Jewish Agency eingerichtet.

Wer zwischen 1933 und 1939/40 formell in Palästina einreisen wollte, benötigte ein Zertifikat der britischen Mandatsregierung im Rahmen einer Quotenregelung. Diese orientierte sich am beruflichen Können und an dem Lebensunterhalt zunächst sichernden Vermögen. Vor allem waren Tätigkeiten im landwirtschaftlichen und handwerklichen Segment erwünscht. Wer ein so genanntes Kapitalisten-Zertifikat haben wollte, musste ein Kapital von mindestens 1000 Pfund nachweisen.

Da aber die Immigration in Palästina von den Briten stark eingeschränkt wurde, versuchten viele ohne ein rechtlich gültiges Zertifikat nach Palästina zu kommen. Was fast nur auf dem Schiffsweg möglich war. Diese Alijah B wurde benannt nach dem zweiten Buchstaben des hebräischen Alphabets (bet). Da der Landweg mit der räumlicheAusweitung des Zweiten Weltkriegs nach Osten versperrt war, wurden Schiffe für die Passage durch das Mittelmeer eingesetzt. Diese starteten von den Häfen Split (Jugoslawien), Varna (Bulgarien), Constanta (Rumänien), Piräus (Griechenland) und Triest. Teilweise waren die Schiffe drei Monate unterwegs, von Hafen zu Hafen, wenn es keine Möglichkeit der Landung gab. (Varia)

Walter A. Berendsohn (1884-1984)
Aus Hamburg stammender Germanist, der 1936 aus politich-rassistischen Gründen mit seiner Ehefrau Dorothea und den Töchtern Annelie und Karin nach Dänemark flüchtete. 1943 ging die Flucht weiter nach Schweden, während Annelie bereits 1938 nach Palästina emigriert war. Karin folgte ihr nach dem Krieg, die Eltern blieben in Stockholm. Doch reisten die Eltern mehrmals nach Israel. So hielt er z. B. 1959 im Kibbuz Nezer Sereni einen Vortrag über Nelly Sachs. (Lt. Cordula Greinert, Forshungsstelle) Dort machte WAB sich einen Namen als Erforscher der deutschsprachigen Exilliteratur. In Hamburg richtete die Universität eine nach ihm benannte Forschungsstelle zur deutschsprachigen Exilliteratur ein, in Jerusalem entstand 2000 ein Walter-A-Berendsohn-Dokumentationszentrum. (Vgl. Dünzelmann; Müssener)

Chaluz, sing.mask. / **Chaluza,** sing. fem. / **Chaluzim,** pl.
Anghöriger, Angehörige des Hechaluz.

Emigranten-Selbsthilfe (Emigranternas Självhjälp)

Als spontane Reaktion auf die Pogromnacht am 9. November 1938 kam es zur Gründung dieser jüdischen Selbsthilfeorganisation in Stockholm. Im Mittelpunkt der Aktivitäten standen soziale Hilfen und kulturelle Angebote. Dazu gehörten kostenlose Sprachkurse, Hilfe bei der Wohnungssuche und Alltagsbewältigung, Vorträge, künstlerische Veranstaltungen usw. Den Gründungsaufruf unterzeichneten namhafte Akteure aus der Emigrantenszene. Die Aufgabenverteilung erfolgte über fünf Ausschüsse, wobei darauf geachtet wurde, nicht als mögliche Rivalen der Jüdischen Gemeinde zu agieren. Auch wollten die Mitglieder nicht in Konkurrenz zur schwedischen Gesellschaft stehen, sondern vielmehr die Kultur bereichern. Ein Schwerpunkt lag in der breit gefächterten Jugendarbeit. In den Fokus des Interesses rückte Ende 1944 die Versorgung der jüdischen Hilfsbedürftigen im noch deutschbesetzten Europa, ebenso die Beratung in Sachen Wiedergutmachungsansprüche. Noch bis in die 1950er Jahre hinein wurden die Hilfsangebote der E-S benötigt. (Müssener)

Freier Deutscher Kulturbund

Aus einer anfänglich unorganisierten Gemengelage vor allem kulturell exponierter Emigranten entstand 1944 die Idee der Gründung einer Vereinigung, in der sich divergierende Kräfte und Vorstellungen trafen. Neben kommunistischen Mitgliedern waren vor allem Sozialdemokraten und Kulturschaffende vertreten. Neben der Geselligkeit wurden Vorträge, Dichterlesungen u. a. m. angeboten. 1946 wurde der Bund aufgelöst. (Ebd)

Recha Freier (1892–1984)

geb. Schweitzer

Im ostfriesischen Norden geboren und aufgewachsen. Sie studierte in Breslau und München u. a. Pädagogik und war dann als Lehrerin tätig. 1919 heiratete sie den Rabbiner Moritz Freier, mit dem sie drei Söhne und eine Tochter hatte. Bis 1926 lebte die Familie in Sofia und ging dann nach Berlin. Dort engagierte sie sich maßgeblich in der Jugend-Alijah. Zwischen 1937 und 1939 emigrierte Moritz F. mit den Söhnen nach Großbritannien. Sie selbst blieb mit der Tochter noch in Berlin und war weiterhin in der Alijah aktiv. 1940 gelang es beiden, über die östliche Route nach Palästina zu gelangen. Auch dort und dann in Israel engagierte sie sich in Jerusalem bei der Jugend-Alijah. 1961 ist von ihr in London das Buch *Let the Children come* erschienen.

Hachscharah

= Vorbereitung. Diese Bewegung entstand bereits Ende des 19. Jahrhunderts in der Sowjetunion und den USA. Besonders in den 1920er und 1930er Jahren entwickelte die jüdische Jugendbewegung sich als Teil des Zionismus. Das Programm sollte anhand einer auf praktische Tätigkeiten fixierten Ausbildung auf das Pionierleben in Palästina vorbereiten. So gab es in Deutschland zwischen 1933 und 1941 eine Reihe von landwirtschaftlichen Einrichtungen. Wer dort lebte, war auf Hachscharah.

Hechaluz

= Pionier-Bewegung. 1917 als zionistischer Weltverband mit kollektivistisch-sozialistischem Hintergrund gegründet und der Kibbuzbewegung nahestehend. Er organisierte die Einwanderung (Alijah) nach Palästina und die Vorbereitung (Hachscharah) der Chaluzim. In Deutschland 1923 gegründet und 1938 aufgegangen in der Abt. I des Palästina-Amtes. Viele Juden schlossen sich dieser Bewegung nur an, um Deutschland oder Österreich verlassen und dann in ein Land ihrer Wahl emigrieren zu können.

In Schweden wurde auf Betreiben des schwedischen Tierarztes Emil Glück nach dänischem Vorbild ebenfalls die Hachscharah organisiert. Von schwedischer Seite wurde anfangs eine Chaluz-Quote für 10 deutsch-jüdische Jugendliche zur Ausbildung eingerichtet, 1938 auf 100 erhöht. Glück selbst organisierte die Beschaffung der Arbeitsplätze in der Landwirtschaft, allerdings ohne theoretische Schulung und ohne Sprachunterricht. Räumlich konzentrierten sich die schwedischen Hechaluz-Einrichtungen auf den Süden bzw. Skåne/Schonen. Das zentrale Sekretariat (Maskirut) befand sich in Hässleholm, Vallgatan 5. Eines der Vorstandsmitglieder war der oben genannte W. Smulowicz. Nahebei lag der Kibbuz Svartingtorp. Weitere Einrichtungen und Anlaufstellen lagen u. a. in Helsingborg, Kristianstad, Eslöv, Västraby Hälsinggården in Falun und Trelleborg. Die hier oder bereits in Deutschland erhaltenen Hachscharah-Zertifikate qualifizierten die Chaluzim für eine Einwanderung nach Palästina, wie auch Eva Warburg in ihrem oben zitierten Brief an die Jüdische Gemeinde in Stockholm betonte. Es wurde gemeinsam gearbeitet, hebräisch (ivrit) gelernt und sich auf das Leben in Palästina vorbereitet. (Vgl. Thor) Dazu trugen auch Wochenendseminare bei, gehalten von anderen in Schweden lebenden Emigranten. Kontakte gab es über Smulowicz auch zur Kleinen Internationale in Stockholm, aber nicht zu anderen deutschsprachigen Vereinigungen. (Dünzelmann; Müssener)

Nach 1940 änderte sich die Situation: Der Weg nach Palästina durch die UdSSR war spätestens ab Frühjahr 1941 versperrt. Das führte zu Konflikten zwischen den Vertretern einer individualistischen und einer kollektivistischen Hechaluz. Es kam zu Forderungen nach einer freieren und selbstbestimmten Lebensgestaltung, was in den Aufnahmeländern die Assimilation derjenigen beförderte, die nicht mehr nach Palästina migrieren wollten und sich insofern auch nicht als Transmigranten verstanden. Was Willy Smulowicz (Seev Shalmon) in seiner Schrift *Geshichte der Hachscharah in Schweden 1933-1949* beschreibt. (Nach Müssener) Etwa 1945 erschien ein Rundbrief über Ziele und Aufgaben der Bewegung. Mit den nach Schweden gebrachten KZ-Überlebenden kam es nochmals zu einem Aufschwung, aber nur für wenige Jahre. Im ARAB befinden sich insgesamt drei Bände mit Materialien. (Varia)

Hilfsverein deutscher Juden / Reichsvertretung ...

Gegründet 1901 in Berlin. Der Verein sollte helfen, die wirtschaftliche und kulturelle Situation osteuropäischer Juden zu verbessern. Nach 1933 musste er sich umbenennen in *Reichsvertretung der Juden in Deutschland*, später in *Reichsvereinigung...* Von 1933 bis 1941 konnten die Mitarbeiter 90 000 Juden zur Auswanderung verhelfen, aber nicht nach Palästina. Zum Vorstand gehörte u. a. die Wirtschaftswissenschaftlerin Cora Berliner, die 1939 kurz nach Schweden reiste, um 400 Juden in Schweden unterzubringen. Sie selbst wurde 1942 nach Minsk deportiert und dort ermordet. Neben Eva Warburg war auch ihr Onkel Max Warburg Mitglied und seit 1928 in leitender Funktion.

Kleine Internationale

bzw. *Internationale Gruppe demokratischer Sozialisten Stockholm.* Sie ist 1942 hervorgegangen aus der norwegischen Arbeiterpartei im Exil. Zu ihr gehörten z. B. Willy Brandt und Bruno Kreisky. Inhaltlich ging es um die politische Neugestaltung Europas nach Kriegsende. Verschiedene Komitees beschäftigten sich mit ökonomischen, kulturellen und politischen Fragen.

Sophie Michaeli, geb. Goldstein (1895–1968)

Sie stammte aus Berlin und war mit dem Rechtsanwalt Dr. jur. Wilhelm (Mecke) Michaeli (1889–1969) verheiratet. Der Sohn Hans Wilhelm (Hasse) M. wurde 1921 geboren. 1933 emigrierte die Familie nach Schweden, wo Sophie M. ab 1939 das Mosaiska pojkhemmet in Uppsala leitete. Dafür brachte sie als an der Berliner Pestalozzi-Fröbel-Schule ausgebildete Erzieherin beste Voraussetzungen mit. Ebenso engagierte sie sich in der Flüchtlingsbetreuung. Nach Kriegsende wurde sie von der zuständigen schwedischen Behörde mit der Betreuung und Pflege der aus deutschen Konzentrationslagern Befreiten beauftragt. Sie starb nach langer Krankheit.

Ihre Schwester Elisabeth Goldstein (1893-1974) war mit dem nichtjüdischen Erwin Müller-Winter verheiratet. Der Sohn Dietrich/Dieter (1921-2010) emigrierte 1939 eigenständig mit dem Zug über Saßnitz nach Schweden (lt. den Nürnberger Rassegesetzen war er Halbjude) und lebte bis 1945 in der Familie von Ingmar Bergmann. Die Eltern gingen ebenfalls nach Schweden, wo Elisabeth M-W in Stockholm das Mosaiska pojkhemmet in der Fleminggatan und danach das in der Hornsgatan leitete. (Aussage Jan Winter; Varia)

Auch die älteste Schwester Charlotte (1891-1978) emigrierte nach Schweden. Mehr zu den Goldsteins in Dünzelmann, *Spaziergänge* (NA).

Eva Michaelis-Stern (1904–1992)

In Breslau geborene und aufgewachsene jüngste Tochter des Psychologen W. Stern. Ab 1916 lebte die Familie in Hamburg, sie selbst ließ sich zur Gymnastiklehrerin in Hamburg und Berlin ausbilden. In Berlin fand sie Zugang zum Zionismus und besuchte 1926 und 1928 Palästina, musste aber wegen einer Erkrankung wieder nach Deutschland zurückkehren. 1933 emigrierten die Eltern und ihr mit Hannah Arendt verheirateter Bruder Guenther in die USA. Sie selbst blieb in Berlin und wurde Mitbegründerin und Organisatorin der Jugend-Alijah. 1938 reiste sie mit ihrem Verlobten Dolf Michaelis erneut nach Palästina und heirateten in Jerusalem. Im gleichen Jahr gingen beide nach London, wo EMS das Büro der Youth Aliyah eröffnete und zu einer wichtigen Repräsentantin wurde. Nach Kriegsende emigrierte sie mit ihrer Familie endgültig nach Palästina und war bis 1952 für das Büro der Aliyah in Jerusalem tätig. (jwa.org) Im Jüdischen Museum Berlin befindet sich im Konvolut 91/0 ein Bericht betr. ihrer Tätigkeit bei der Jugend-Alijah in Berlin.

Nansen-Hilfe / Nansen Hjelp

1936 von Odd Nansen (1901-1973), dem Sohn von Fridtjof Nansen, in Norwegen gegründet. Sekretärin und engagierte Mitarbeiterin war 1938/40 die Journalistin Tove Filseth(-Tau). Die Nansen-Hilfe kümmerte sich nicht nur um staatenlose Flüchtlinge im Zwischenkriegseuropa, sondern auch um von den Nationalsozialisten Verfolgte. Als Stiftung finanzierte sie sich durch private Spenden sowie durch staatliche und Nobelkomitee-Gelder. Eine große Aktion war die Aufnahme österreichischer Juden nach 1938. 1941/42 konnte die Organisation nur noch eingeschränkt tätig sein, wie z. B. bei der Fluchthilfe nach Schweden. Von den vor 1940 etwa 200 aufgenommenen jüdischen Fluchtmigranten blieb der größte Teil nach der deutschen Besetzung in Norwegen. Etwa die Hälfte von ihnen wurde verhaftet und deportiert. 1946 wurde die Nansen-Hilfe reaktiviert und Teil der neugegründeten Norwegischen Europahilfe.

Zedakah e.V.
= Wohltätigkeit, Barmherzigkeit. Eine 1960 gegründete christliche Organisation mit Zentrale in Freiburg, die ihre Aufgabe darin sieht, Überlebende des Holocaust in israelischen Gästehäusern und Pflegeheimen zu umsorgen. Im Norden Israels befindet sich in Ma'alot nahe Nahariya ein Pflegeheim und in Shavei Zion ein Gästehaus. – Die Siedlung Shavei (Schawe) Zion wurde 1938 von einer Gruppe aus Rexingen stammender Juden gegründet. Sie bestand aus 100 Personen und setzte sich aus 10 Familien und einigen unverheirateten Männern zusammen. (Varia)

Abkürzungen

ARAB – Arbetarrörelsen arkiv och bibliotek
ČSR   – Tschechoslowakische Republik
HIAS – Hebrew Immigrant Aid Society in den USA,
HICEM – dito in Europa bzw. Paris
JOINT – American Jewish Joint Distribution Committee
JWA   – Jewish Women's archive
KP-A – Kungliga Biblioteket, Arkiv
RA   – Riksarkivet
SIM   – Svenska Israelmissionen
SVT   – Sveriges Television
SWA   – Stiftung Warburg Archiv

Abbildungsnachweise

Umschlag: Frank Meisler, Denkmal Kindertransporte. Hamburg-Dammtor. Foto © Anne E Dünzelmann.

1: © Anne E Dünzelmann.
2: wikipedia.org. Fotograf: unbekannt/okänd (1920er Jahre).
3: Upplandsmuseet. Fotograf: Ola Ehn. CC.
4: Buch/Bildzitat: Erwin Leiser, Wähle das Leben. Zürich 1963 (Deutsch).
5: Buch/Bildzitat: Malin Thor Tureby, Kibbutzer i sverige.
6: SVT: platsr.se: Barnen på Kibbutzen. Foto/©: unbekannt.[6]
7: Buch/Bildzitat: siehe Elisabeth Åsbrink.
8 wikipedia.org. Fotograf: Jochr (2015). CC BY-Sa 3.0
9: Privatbesitz Jan Winter.

Bibliografie

Materialien, Quellen, Zeitungen

Archive.org:
Briefe von Hertha [Josias]

Dagen, 29. Januar 2009 (www.dagen.se)

DN.se/kultr-noje/film-tv/berättelser-fran-kibbutzen-i-falun (s.a. SVT)

Gelsenzentrum

ha. Galil.com

Jwa.org
Jewish Women's Archive

Muenster.de
Nachruf Hans Kaufmann. November 2016

Projekt: *A Letter To The Stars.*
Bundesrealgymnasium (BRG) Schopenhauerstraße, Wien, Klasse 3a. 2008.
www.lettertothestars.@.pdf

Sydsvenska.se
8. November 2001

Stiftung warburg archiv
F 20303, -305, -312. Mit Video *Eva and all her children,* 30.8.1996

SVT 2
Judiska Kibbutzen i Falun, 2009-02-01

Träger- und Förderverein Ehemalige Synagoge Rexingen (Maria Sayer)

Upsala Nya Tidning
14. April 2017

Varia:
hitta.se, Jewiki, Wikipedia, Internet-Einträge, genealog. Daten u. a. m.

Winter, Jan
Schriftliche Aussagen, Unterlagen, Bildmaterial / www.liraman.se

Literatur

Arendt, Hannah
  Vita activa oder vom tätigen Leben. München 1967 (Piper).

Åsbrink, Elisabeth

Och i Wienerwald står träden kvar. Deutsch: Und im Wienerwald stehen noch immer die Bäume. Hamburg 2014 (Arche).

BRUNDLAND, BJARTE
Die Deportatiom und Ermordung der norwegischen Juden. PDF. (www. oslo. diplo.de).

CHERNOW, RON,
Die Warburgs. Odyssee einer Familie. Berlin 1994 (Siedler).

COSANNNE-SCHULTE-HUXEL, ELISABETH
Mein liebes Ilsekind: Mit dem Kindertransport nach Schweden. Briefe an eine gerettete Tochter. Essen 2013 (Klartext).

DÜNZELMANN, ANNE E
Stockholmer Spaziergänge. Auf den Spuren deutscher Exilierter 1933 bis 1945. Norderstedt 2016. (Book on Demand). Neuauflage in Vorbereitung.

FEIDEL-MERTZ, HILDEGARD (Hrsg.)
Schulen im Exil. Die verdrängte Pädagogik nach 1933. Reinbek 1983 (rororo sachbuch).

GLÜCK, EMIL
På väg till Israel. Engl. Übers.: Hachshara and Youth Aliyah in Sweden 1933-1948. 1985, o.O.

GOCH, STEFAN
Jüdisches Leben – Verfolgung–Mord–Überleben. Essen 2004 (Klartext).

LEVIN, IRENE
Vertriebene Kinder. © 2006. Norwegisches Zentrum für Kinderforschung. ntv.no/ documents.

MAIER-WOLTHAUSEN, CLEMENS
Eine unmögliche Reise. Ein Brief der Kinder- und Jugendalija in Schweden von 1940. MEDAON. Magazin für jüdisches Leben in Forschung und Bildung 8,2014,14,1-6.Online: http: //medaon.de/ pdf/ MEDAON_14_ Maier-Wolthausen.

MÜSSENER, HELMUT
Exil in Schweden. Politische und kulturelle Emigration nach 1933. München 1974 (Carl Hanser).

PAMMER, THOMAS
Barnen som var räddning värde? Die Schwedische Israelmission in Wien 1938-1941, ihre Kindertransporte und der literarische und wissenschaftliche Diskurs. Magisterarbeit Wien 2012. othe.univie.ac.at/ 23543/ 1/2012-10-15_0447592.pdf.

RUDBERG, PONTUS
Sweden and Jewish Refugees from Nazi Germany, 1933-1939. Internatio-
nal Holocaust Remembrance Alliance /Ed); Bystanders, Rescuersor, Perpe-
trators? The Neutral Countries and the Shoah. Berlin 2016 (Metropol), 65-
76.

SCHOPPMANN, CLAUDIA
Das war jenseits jeder menschlichen Vorstellungskraft. Hilfe für verfolgte
Juden im deutsch besetzten Norwegen 1940-1945. Hg. Gedenkstätte Deut-
scher Widerstand, Berlin. Berlin 2016 (Lukas Verlag).

Weiterführende Quellen und Literatur

ADLER-RUDEL, SCHALOM
Jüdische Selbsthilfe unter dem Naziregime 1933-1939. Tübingen 1974
(Mohr).

BESSERMANN, ANNA
Svartingtorp 1936-1940. Kibbutz or Agricultural School? Diss. 1979 Insti-
tute of History, Stockholm University. Judiska Museet Stockholm.

CENTRAL ZIONIST ARCHIVES, Jerusalem: Jugend-Alijah i Sverige.

DANSK JØDISK MUSEUM
- JDK IIA 2/3/256
- J. Margolinsky, Statistische Unterlagen.

GEDENKSTÄTTE DEUTSCHER WIDERSTAND, Berlin.

JUDISKA MUSEET STOCKHOLM. Jud. Bibl. vänner.

LACQUEUR, WALTER
Geboren in Deutschland. Der Exodus der jüdischen Jugend nach 1933 Berlin 2000 (Propyläen).

LSE LIBRARY / LONDON SCHOOL OF ECONOMICS
Eva Warburg betr.: Originalbriefe und Kopien.

LOMFORS, INGRID
Förlorad barndom – återvunnet liv: De judiska flyktingbarnen från Nazi-
tyskland. Dissertation Göteborg 1996.

MAIER-WOLTHAUSEN, CLEMENS
In Vorbereitung: Monografie zum Thema Kindertransporte.

MICHAELI, SOPHIE
Flyktingbar i Sverige: Föredrag i Bondkyrko Husmodersförening. Judisk
tidskrift Stockholm. 1941, 14, 337-341.

MICROFILMING CORPRATION of America
The Reminiscences of Eva Warburg, 1975.

NATIONALARCHIVES. gov.uk.

NORDISKA MUSEET, Stockholm
Biografische Sammlung.

RIKSARKIVET, Stockholm
- Statens utlänningskommission. D2A
  Centraldossiéer över utlänningar: svenska medborgare eller avlidna, 1941-1955. [Staatliche Ausländerkommission. Zentrale Aktensammlung: Ausländer, Eingebürgerte, Verstorbene] [11]
- Judiska (Mosaiska) församlingen: D1B:2
  Flyktingsektionen 1920-1980, Vol. 1
  dito   1933-1940, Vol. 16, 17
  Barnavdelningen 1938-1948, Vol. 6
  Hjälpkommittén 1935-1940, Vol. 14.

STAATS UND UNIVERSITÄTSBIBLIOTHEK HAMBURG
  OLLC-Nr. 249244096: Eva Unger-Warburg/Philip Warburg, From Mittelweg to the Middle East: Warburg family migration to Israel.... Rehovot 1999. Printbook.

STADSMUSEET I STOCKHOLM
  Documenta Room. Digitales Stadsmuseet: Flyktingsbarnen.

THOR, ANNIKA
  Eine Insel im Meer. Eine Bank am Seerosenteich. In der Tiefe des Meeres. Offenes Meer. Vier Bände aus dem Schwedischen. Hamburg 2000ff (Carlsen).

THOR, MALIN
  Hechaluz i Sverige: immigration av tyskjudiska ungdomar till den Svenska landsbygden 1933-1948. (Diss.) Göteborg 2005 (Växjö University Press).

THOR TUREBY, MALIN (Hg.)
  Kibbutzer i Sverige: Judiska lantbrukskollektiv i Sverige 1936-1946. Stockholm 2013 (Lind&Co.).

VEJ: Verfolgung und Ermordung der euopäischen Juden durch das nationalsozialistische Deutschland 1933-1945. Band 12: West- und Nordeuropa Juni 1942-1945. Berlin 2015 (de Gruyter).

YAD VASHEM
  Digital Collections:
  - Documentation regarding the activities by Eva Warburg in rescuing children before the outbreak of the war, 1938-1966
  - Briefwechsel Hans Kaufmann-Eva Warburg.
          - Bestandsgruppen betr. Schweden: M- 52, -061,- 074
  Photo Archive.

www.ingramcontent.com/pod-product-compliance
Lightning Source LLC
Chambersburg PA
CBHW051842250726
48659CB00005B/1975